DR. GITTA JACOB

Leben geht nur vorwärts

DR. GITTA JACOB

Leben geht nur vorwärts

Wann es Zeit ist, das innere Kind in Ruhe zu lassen und durchzustarten

BELTZ

MIX
Papier | Fördert gute Waldnutzung
FSC® C089473

Dieses Buch ist erhältlich als:
ISBN 978-3-407-86795-7 Print
ISBN 978-3-407-86796-4 E-Book (EPUB)

2. Auflage 2024

Mitarbeit: Johanna Hombergs
Lektorat: Judith Roth, Frankfurt am Main
Umschlaggestaltung: FAVORITBUERO, München
Umschlagabbildung: © shutterstock

Herstellung und Layout: Sarah Veith
Satz: Publikations Atelier, Weiterstadt
Druck und Bindung: Beltz Grafische Betriebe, Bad Langensalza
Beltz Grafische Betriebe ist ein klimaneutrales Unternehmen (ID 15985-2104-100).
Printed in Germany

Weitere Informationen zu unseren Autor:innen und Titeln
finden Sie unter: www.beltz.de

Inhalt

Vorwort

Liebe Leserin, lieber Leser,

ich freue mich sehr, dass du dieses Buch in den Händen hältst! Denn es behandelt Themen, die mir in den letzten Jahren immer wichtiger wurden und mir ganz besonders am Herzen liegen.

Ich beschäftige mich seit mittlerweile schon fast zwanzig Jahren mit Schematherapie. Vor vielen Jahren war ich ganz aktiv dabei, dieses Verfahren nach Deutschland zu bringen, habe dazu auch viele Bücher geschrieben und unzählige Fortbildungen gegeben. Ein ganz wichtiges Buch war dabei *Raus aus Schema F*, in dem es darum geht, das eigene verletzte innere Kind kennenzulernen und zu heilen, um zufriedener und gesünder durchs Leben zu gehen und mehr für die eigenen Bedürfnisse einzustehen. Ich bin glücklich darüber, dass dieses Buch seit Jahren sehr beliebt ist und auch viele therapeutische Kolleginnen es als Empfehlung an ihre Patientinnen im Repertoire haben. Vielleicht hast du es auch gelesen und hoffentlich die ein oder andere gute Idee daraus für dich mitgenommen.

Das ganze Thema der Auseinandersetzung mit dem inneren Kind und eigenen schwachen Gefühlen und Bedürftigkeit ist durch die Schematherapie und viele andere Entwicklungen in den letzten Jahren sehr vorangekommen. Das ist gut für uns und für unsere Gesellschaft. Verletzte Gefühle und psychische Probleme werden nicht mehr unter den Teppich gekehrt. Du kannst viel leichter als früher Hilfe finden, wenn du darunter leidest. Wenn dir etwas schwerfällt, ist es okay, das auch zu sagen und Unterstützung zu holen.

Aber dabei ist es, wie es immer ist: Wenn sich die Dinge stark in eine Richtung entwickeln, geraten andere, ebenfalls wichtige Aspekte aus dem Blick und werden vernachlässigt. Dann hat man irgendwann das Gefühl: »Moment mal, das ist doch jetzt auch irgendwie etwas einseitig!« Und dann gilt es, die andere Seite wieder mehr in den Vordergrund zu rücken und zu beleuchten. Denn das Leben ist dialektisch und jede Medaille hat ihre zwei Seiten …

Was ich mittlerweile immer öfter sehe – in meinem privaten Umfeld, bei Patientinnen, in der Arbeit von Therapeutinnen –, ist ein Phänomen, das man vielleicht als »Festhängen am inneren Kind oder an schwierigen Gefühlen« beschreiben könnte. Damit meine ich, dass man sich so sehr auf negative Gefühle, damit zusammenhängende Verletzungen in der eigenen Biografie, unerfüllte Bedürfnisse und die Versorgung all dieser Bedürfnisse und Gefühle fokussiert, dass man den eigentlichen Sinn dieser psychologischen Arbeit irgendwann aus den Augen verliert. Denn der ist ja, genau solche Gefühle zu überwinden, um dann, wenn man nicht mehr von Emotionen wie Unsicherheit, Scham, Schuld oder dem Gefühl, das alles nicht verdient zu haben, gebremst wird, im Leben besser aus dem Vollen schöpfen zu können. Sie sollen ersetzt oder ergänzt werden durch stärkende Gefühle, Selbstbewusstsein und neue Kraft.

Ich beobachte aber, dass diese Entwicklung in Richtung mehr Selbstbewusstsein und psychische Stabilität häufig aus den Augen verloren wird – weil wir darin hängen bleiben, unser Erleben zu analysieren und negativen Gefühlen rasch eine biografische Bedeutung beizumessen, die als Erstes geklärt werden muss. Wir verlieren uns im Blick nach innen und in die Vergangenheit. Wir wollen alles Mögliche analysieren und aufarbeiten. Wir erwarten, dass wir auf diese Weise unseren Selbstwert erst völlig stabilisieren müssen, bevor wir uns mit anderen Dingen wie Entscheidungen, Pflichten oder neuen Herausforderungen befassen können. Und irgendwie glauben wir, dass wir nur genug Self Love oder Selbstfürsorge betreiben müssen – und alles wird gut.

In diesem Kontext ist dann übrigens auch sehr oft von Traumata und Traumatisierungen die Rede – so häufig, dass man irgendwann den Eindruck hat, jedes negative Erlebnis ist ein Trauma, das am besten therapiert werden muss, und ohne diese Therapie darf man von der Betroffenen nichts erwarten. Allerdings findet bei der Messlatte, die hier an den Begriff »Trauma« angelegt wird, mit ein wenig Nachdenken garantiert jeder Mensch ein paar üble Traumata in seinem Leben. So gesehen müssten wir dann eigentlich alle erst mal in Langzeittherapie.

Das ist aber ein Irrglaube.

Natürlich kann es wichtig sein, eigene emotionale Blockaden und ihren Hintergrund in der eigenen Lebensgeschichte zu verstehen. Aber dann geht es auch um die Übernahme von Verantwortung und das Voranschreiten im eigenen Leben. Wenn du nicht erlebst, dass du in deinem realen Leben neue Herausforderungen erfolgreich angehst und Probleme bewältigst, wird sich dein Selbstwert niemals stabilisieren können. Wenn du deinem inneren Kind nicht irgendwann signalisierst: »Jetzt sind wir groß und gehen es an«, wird dein gesundes, erwachsenes Ich niemals das Hier und Jetzt nach deinen eigenen Vorstellungen gestalten können.

In diesem Buch möchte ich als Erstes mit dir zusammen anschauen, wann eine Innenschau angemessen ist, wann es aber auch zu viel wird mit der Auseinandersetzung mit dem inneren Kind und der Erkundung negativer Gefühle. Dazu habe ich dir einige wissenschaftliche Studien und psychologische Überlegungen mitgebracht, die die wichtigsten Punkte erklären und untermauern.

Und als zweites Thema liegt mir vor allem am Herzen: Wie können wir es schaffen, den Fokus wieder mehr auf das zu richten, was wir erreichen wollen? Wie können wir uns wieder raus in unser

Leben wagen, den Alltag feiern, ihn entsprechend unserer Vorstellungen gestalten und auch mal bewusst durchbrechen? Wie können wir das Leben entwickeln, das wir wollen – und trotz mancher psychischer Altlast im Hier und Heute stabil und glücklich sein? In welchem Maß ist es wichtig, sich Herausforderungen zu stellen und auch negative Gefühle mal zuzulassen, um sie dann wieder hinter sich lassen zu können?

Das bedeutet auch, Verantwortung zu übernehmen, selbst wenn du vielleicht nicht so ganz genau weißt, wo es hingehen wird. Die Komfortzone immer wieder zu verlassen, um dich zu entwickeln und neue Horizonte erleben zu können. Das alles in die Richtung, die dir wichtig ist, und natürlich immer in deinem Tempo! Wie das für dich gut funktionieren kann, dazu zeige ich dir eine Palette an Möglichkeiten. Das möchte ich dir grundsätzlich psychologisch erklären – außerdem kannst du deinen Weg aber auch direkt sehr praktisch angehen.

Apropos Komfortzone: Eine Kernkompetenz für ein intaktes und glückliches Leben ist das regelmäßige Verlassen der eigenen Komfortzone. Denn Gefühle wie Ängste, Einsamkeit oder andere Empfindungen des inneren Kindes führen tendenziell in den Rückzug und in die Vermeidung von Herausforderungen. Für ein schönes, reiches Leben ist es aber wichtig, solche Gefühle zu überwinden und sich auch Herausforderungen zu stellen. Vielleicht kennst du den Postkartenspruch: »Great things never came from comfort zones« (Großartiges kommt nie aus der Komfortzone). Wie wahr dieser einfache Satz ist, habe ich unzählige Male in meinem Leben erfahren. Deshalb wird sich dieses Buch auch vertieft mit diesem Thema beschäftigen.

Wenn es um Komfortzonenerweiterung geht, ist die Psychologin Johanna Hombergs eine Expertin. Seit Jahren begleitet sie als Survivaltrainerin und Wildnispädagogin Menschen hinaus in die Natur. Bei ihr lernen die Kursteilnehmenden jene Fähigkeiten und Fertigkeiten, die man zum Überleben in der Wildnis benötigt. Dafür braucht man in erster Linie ein starkes Mindset, ohne das die besten physischen und handwerklichen Fähigkeiten im Ernstfall nur wenig wert sind. Gleichzeitig dürfen die neuen Erfahrungen auch in widrigen Umständen wie dem nächtlichen Wald oder ungemütlichem Wetter nicht traumatisierend sein, sondern sollen ganz im Gegenteil im Rahmen von Survival-Workshops sogar möglichst viel Spaß machen. Es geht um schrittweises Annehmen von Herausforderungen – und im Idealfall fühlst du dich mit diesen irgendwann pudelwohl!

Im vorliegenden Buch wird Johanna deshalb immer wieder ihre Perspektive teilen und einige Challenges setzen, wenn es um das Thema geht, sich in gesunder Weise aus der Komfortzone herauszuwagen und das Leben reicher zu gestalten.

Ich bringe dir hier viele psychologische Studien und praktische Vorschläge zu all diesen Themen mit. Dabei möchte ich allerdings nicht so tun, als wäre es mir in die Wiege gelegt, meine eigenen Ängste mal eben so locker anzugehen und meine Komfortzonen-Macken zu durchbrechen, sobald ich sie bemerke. Im Gegenteil: Ich kenne es selbst sehr gut, wie anstrengend, überwältigend und manchmal auch peinlich das sein kann. Deshalb berichten Johanna und ich auch immer wieder von unseren eigenen Erfahrungen – wo wir uns schwertun und was uns dann am besten weiterhilft.

Dieses Buch richtet sich an alle Menschen, egal ob sie sich männlich, weiblich oder anders lesen. Ich verwende dafür abwechselnd und ein bisschen nach Lust und Laune das Maskulinum und das Femininum – natürlich sind immer alle Geschlechter gemeint. Und noch ein weiterer Hinweis: Manchmal berichte ich aus dem Leben von Bekannten, Freunden oder Patienten. Alle diese Beispiele sind verfremdet – sie sind so passiert, aber die echten Menschen dahinter waren immer anders.

TEIL 1

Wann haben wir genug psychologisiert?

Psychologie – allgegenwärtig

Die Psychologie hat in großen Gruppen in unserer Gesellschaft einen starken Einfluss gewonnen. Wir achten sehr auf unsere Gefühle und unsere psychische Befindlichkeit. Bei anderen beobachten wir deren Macken ganz genau und analysieren, was dahintersteckt – Narzissmus, toxische Muster, schwierige biografische Erfahrungen … Gleichzeitig ist es sehr en vogue, sich um sein inneres Kind zu kümmern, Self Love und Self Care zu praktizieren und stets auf die eigenen Grenzen zu achten. Eine Absage an ein Ehrenamt wird nicht mehr begründet mit »Keine Lust, keine Zeit«, sondern mit »Ich lerne gerade, mich abzugrenzen«. Und wenn wir den Eindruck haben, dass jemand eine schwierige Phase durchmacht, dann schicken wir ihn zur Psychotherapeutin. Auch uns selbst analysieren wir viel, der Blick geht oft in die Vergangenheit: Was hat dazu geführt, dass wir uns heute so fühlen, so handeln, diese Ängste haben? Wie wurden wir von Eltern, Lehrern und der Welt behandelt, sodass wir uns heute unwohl fühlen?

Im ersten Teil des Buches möchte ich dieses Psychologisieren als Errungenschaft würdigen und klarmachen, wofür es gut ist, gleichzeitig aber auch auf dessen Grenzen hinweisen. Es geht also auch darum, wann uns das Psychologisieren nicht mehr weiterbringt, uns im Gegenteil eher auf der Stelle treten lässt. Denn wenn es überhandnimmt, beschäftigen wir uns womöglich zu wenig damit, wie wir der Gegenwart gut begegnen und unser Leben entsprechend unserer Werte gestalten.

Dabei geht es immer wieder auch um Psychotherapie – wann sie angezeigt ist und wann auch nicht, wie sie wirkt, und welche Erwartungen an sie womöglich überzogen sind. Das liegt zum einen daran, dass der Trend zum Psychologisieren stark einhergeht mit einem Trend zur Nutzung von Psychotherapie. Dort geht es um ähnliche Themen, und viele psychologische Techniken, etwa rund um die Themen inneres Kind, Self Love und Self Care, sind auch über die Psychotherapie in die Gesellschaft geschwappt. Wissenschaftliche Studien zur Wirksamkeit von Psychotherapie geben uns interessante Hinweise darauf, wann und wie uns das Psychologisieren weiterbringen kann und wo seine Grenzen liegen.

Psychische Probleme sind kein Tabu mehr

Im Jahr 2023, in dem ich dieses Buch geschrieben habe, bin ich fünfzig Jahre alt geworden. In diesem halben Jahrhundert ist im Umgang mit psychischen Problemen und in der Anwendung von Psychotherapie unglaublich viel passiert.

Als ich noch ein Kind war, in den 80er-Jahren, da gab es kaum psychische Störungen oder Probleme, und mit Psychotherapie hatte man nichts zu tun. Vielleicht wurde mal gemunkelt, dass jemand aus der Nachbarschaft einen »Nervenzusammenbruch« hatte oder dass ein Problem »psychosomatisch« sei. Das war dann irgendwie dubios und ging hoffentlich irgendwann wieder vorbei.

Die Nachkriegsgeneration, die damals die Gesellschaft bestimmte, war darauf gepolt, alles möglichst gut hinzubekommen, den »Hintern zusammenzukneifen«, möglichst normal zu sein, den Nachbarn zu gefallen und nicht durch Probleme oder »Extrawürste« aufzufallen. Schwierige Gefühle, Ängste, starke Sorgen oder Probleme waren kein großes Thema.

Entsprechend waren psychische Probleme und Störungen ein Tabu oder einfach unbekannt. Niemand wusste eigentlich so genau, was etwa eine Depression ist, woran man sie erkennt und dass man damit zum Psychotherapeuten oder Psychiater gehen kann. Wer eine Psychotherapie benötigte, musste kompliziert von einem Arzt zu einem Psychotherapeuten überwiesen werden. Wer sich Psychotherapeut nennen und als solcher arbeiten durfte (und wer von Ärzten Patientinnen delegiert bekam), das war zusätzlich ziemlich unreguliert und undurchsichtig – und so etwas wie Qualitätssicherung gab es schon gar nicht.

Um die Wende zum 21. Jahrhundert hat sich das sehr geändert. In Deutschland wurde das sogenannte Psychotherapeutengesetz verabschiedet. Jetzt konnten Psychotherapeutinnen eine Kassenpraxis aufmachen und Patientinnen behandeln, ohne diese über einen Arzt geschickt zu bekommen. Außerdem wurde festgelegt, dass man nur nach einer sehr regulierten und umfangreichen Ausbildung psychotherapeutisch behandeln durfte.

In dieser Zeit starteten auch viele wichtige Aufklärungskampagnen und Initiativen zur Entstigmatisierung von psychischen Erkrankungen. Zum Beispiel wurde ab 1999 das *Kompetenznetz Depression* gefördert, aus dem später die Stiftung *Deutsche Depressionshilfe* hervorging. Engagierte Profis, Betroffene und Angehörige gingen hier viele mutige und schwierige Schritte. Sie wagten sich an die Öffentlichkeit, um ihre Themen endlich zu enttabuisieren, die so viele Menschen betrafen (und betreffen). Solche Initiativen hatten und haben den Zweck, über psychische Erkrankungen aufzuklären. Betroffene sollen erfahren, dass sie nicht allein damit sind und dass es Hilfe gibt. Das öffentliche Sprechen über die Erkrankungen soll auch dazu beitragen, sie zu normalisieren und zu entstigmatisieren – sodass man sich nicht mehr als »gestört« und als Außenseiter fühlt, wenn man psychische Probleme hat.

In den letzten Jahren haben sich immer mehr solche Initiativen herausgebildet. Mittlerweile haben sich auch viele Prominente – Schauspieler, Profisportler, Künstler – »geoutet« mit ihren Depressionen, Essstörungen oder Burn-outs. Oft sind sie sogar Schirmherren oder Vorsitzende solcher Initiativen. Sie haben unfassbar viel für dieses Thema geleistet.

Diese Normalisierung und Entstigmatisierung von psychischen Problemen und Psychotherapie ist grundsätzlich eine sehr positive Entwicklung. Menschen mit psychischen Störungen müssen sich heute nicht mehr verstecken. Sie können herausfinden, wo sie Hilfe bekommen und wie diese Hilfe aussehen kann. Dadurch konnte und kann viel psychisches Leid und Isolation gelindert werden. So hat sich nach Angaben des statistischen Bundesamtes die Zahl der Suizide zwischen 1980 und 2020 halbiert!

Das »private Psychologisieren« hat sich parallel dazu ganz ähnlich entwickelt. Vermutlich ist beides einfach Teil eines gemeinsamen gesellschaftlichen Trends. Auf jeden Fall ist es in den letzten zwanzig Jahren auch völlig üblich geworden, mit Freundinnen über die eigenen Muster und ihren biografischen Hintergrund zu philosophieren und die »toxischen« Verhaltensweisen der Mitmenschen zu analysieren. Die Grenzen zwischen dem »professionellen« und dem »privaten« Psychologisieren verschwimmen teilweise: Beispielsweise findet sich mittlerweile selbst unter jedem (sozialen) Medienbeitrag, der in irgendeiner Form psychische Probleme adressiert, ein Hinweis, wie man schnell professionelle Hilfe bei psychischen Problemen bekommen kann – die Nummer der Telefonseelsorge steht praktisch überall. Auch hier gehören Psychologisieren und professionelle psychologische Hilfe also in der Wahrnehmung offensichtlich sehr eng zusammen.

Doch was ist das eigentlich: eine psychische Störung, die behandelt werden sollte mit Psychotherapie und/oder Medikamenten?

Auch wenn in der Psychotherapie und in der allgemeinen Gesellschaft ganz ähnliche Trends laufen, braucht ja nicht jede, die über ihr inneres Kind nachdenkt, gleich eine Therapeutin. Man spricht dann von einer psychischen Störung, wenn ein Mensch unter Symptomen leidet, die ihn quälen, es ihm also richtig schlecht geht. Das führt sehr häufig dazu, dass es im Leben schwierig wird – zum Beispiel kann die oder der Betroffene vor lauter Energielosigkeit nicht mehr arbeiten gehen oder traut sich wegen Ängsten oder Zwängen nicht mehr aus dem Haus. Vielleicht rafft sich diese Person zu solchen Aufgaben doch noch auf, aber dann strengt es sie extrem an und ist kaum auszuhalten.

Was ist eine behandlungsbedürftige psychische Störung?

- **Schwere Symptome**, die die Betroffenen ernsthaft quälen und Leid verursachen, zum Beispiel Energielosigkeit, Hoffnungslosigkeit, Ängste, Zwänge, wahnhafte Gedanken.
- **Probleme in der Lebensführung**, zum Beispiel im Haushalt, Beruf, in der Partnerschaft oder in Freundschaften. Wenn das Leben doch normal weitergeht, dann funktioniert das nur unter größter Anstrengung.
- Häufige Symptome bei **Depression**: Antriebslosigkeit, Energielosigkeit, Traurigkeit, Schlafprobleme, Appetit- und Selbstwertverlust, Hoffnungslosigkeit.
- Häufige Symptome bei **sozialen Ängsten**: Gefühl, von anderen abgelehnt und ausgelacht zu werden, massive Ängste in sozialen Situationen, etwa beim öffentlichen Sprechen.
- Häufige Symptome bei **Panikattacken**: Massive, plötzliche Ängste, verbunden mit Symptomen wie Herzrasen, Schwitzen oder Kurzatmigkeit, die mit Todesangst einhergehen.

- Diese Probleme müssen über **eine ganze Weile** andauern – eine einzelne Panikattacke oder wenige Tage »Durchhänger« mit hoffnungsloser Stimmung sind noch im Rahmen des Normalen und keine psychische Störung.
- Diese Probleme müssen **massiv einschränkend** sein – dass am Arbeitsplatz nicht alles flutscht, das Leben zu einem gewissen Grad auch anstrengend ist oder es Menschen im Umfeld gibt, von denen man sich abgelehnt fühlt, gehört zu einem normalen Leben dazu.

Die Suche nach dem inneren Kind

Das Konzept des inneren Kindes habe ich bereits einmal kurz erwähnt, und ich nehme stark an, dass es dir schon geläufig ist. Ich möchte hier noch etwas näher darauf eingehen, weil es – genau wie der Fokus auf die eigenen Bedürfnisse – ein häufig angesprochenes Thema ist, an dem man gut sehen kann, wie sehr wir es mit unserer Alltagspsychologisierung manchmal übertreiben.

Das innere Kind ist in dieser psychologischen Diskussion eine zentrale Metapher geworden. Dieser Begriff umschreibt laienverständlich die inneren Anteile von einem selbst, die oft nicht so recht in die rationale und vernünftige Rolle passen wollen, in der man sich als Erwachsene meist befindet. Wenn man als erwachsener Mensch beispielsweise trotzig wütend die Faust auf den Tisch haut oder sich vor einer Herausforderung fürchtet, fühlt sich das oft an, als würde man sich in einer längst überwundenen kindlichen Rolle wiederfinden.

Das Bild des inneren Kindes kann auch die tiefenpsychologische oder psychoanalytische Annahme sehr anschaulich darstellen, dass ein Mensch, der in der Kindheit wenig Liebe und Anerkennung und viel Ablehnung oder Traumatisierung erfahren hat, einen beschädigten Selbstwert hat. Deshalb reagiert er als Erwachsener sehr empfindlich auf alle Anzeichen von Kritik, Zurückweisung etc. Die Gefühle, die dann mit dem inneren Kind verbunden werden, sind zum Beispiel Unsicherheit, Ängstlichkeit oder das Gefühl, wertlos zu sein und nicht geliebt zu werden.

Die Metapher des inneren Kindes wurde von US-amerikanischen Psychologen und Psychologinnen in den 90er-Jahren bekannt gemacht durch Selbsthilfebücher, die diese tiefenpsychologischen Ideen laienverständlich aufarbeiteten.[1] Parallel dazu wurde und wird es in vielen therapeutischen Konzepten ausgearbeitet und eingesetzt. Dazu gehört zum Beispiel die Transaktionsanalyse[2] oder die Schematherapie[3]. Dabei geht es in der Regel darum, die Gefühle des inneren Kindes zu verstehen und mithilfe der Instanz eines inneren Erwachsenen für die dahinterstehenden Bedürfnisse zu sorgen, um so gewissermaßen das Leid des inneren Kindes zu lindern. Dieses Konzept hat also sowohl in der Psychotherapie als auch in der allgemeinen gesellschaftlichen Tendenz zur Psychologisierung Einzug gehalten. Es wird durch seine Anschaulichkeit sowohl im professionellen wie auch im alltagspsychologischen Kontext sehr viel verwendet.

Warum muss das innere Kind eigentlich immer traurig sein?

Ist dir Folgendes schon einmal aufgefallen: Eigentlich könnte ich das »Kind in mir« ja auch mit freudvollen, starken, positiven Gefühlen und Erlebnissen in Zusammenhang bringen, wie man sie mit Kindern oder der Kindheit an sich auch verbinden kann, etwa Unbeschwertheit, Spiel und Spaß, Freude, Leichtigkeit sowie eine Abwesenheit von Aufgaben und Pflichten. Schließlich haben die meisten Menschen zum Glück auch solche Erfahrungen in ihrer Kindheit machen dürfen. Für viele Menschen ist dieser Lebensabschnitt sogar ganz stark davon bestimmt. In den psychodynamischen Konzepten kommt das teilweise auch vor – so beschreibt die Schematherapie etwa auch den Anteil des »glücklichen Kindes«.

Interessanterweise ist das allerdings in der Diskussion, um die es hier geht, nur selten ein Thema. Stattdessen steht das innere Kind vor allem für schwierige Gefühle, die sich unsicher und unreif anfühlen – zum Beispiel Unsicherheit, wenn man etwas Neues ausprobieren möchte; Angst vor Zurückweisung, wenn man zu einer neuen sozialen Gruppe kommt; Scham darüber, etwas nicht zu wissen, was alle anderen zu wissen scheinen. Die Unbeschwertheit und das Glück der Kindheit, das Aufgehobensein in der Familie etc. – wieso wird das nicht als positive Kraft in Erinnerung gerufen und dadurch als Kraftquelle wiederbelebt?

Psychologisch lassen sich diese negativen Gefühle auch alle als »geringer Selbstwert« beschreiben. Den hast du, wenn du dich für weniger begabt, fähig, kompetent oder beliebt hältst als andere Menschen. Wenn das der Fall ist, fühlst du dich natürlich auch unsicher, gehst ängstlich an Probleme heran oder traust dir vielleicht gar nicht zu, neue Dinge zu lernen oder mit neuen Menschen Freundschaft zu schließen. Du grübelst manchmal in Endlosschleife über schwierige Themen und kannst deshalb dann nur schlecht schlafen. Solche Verhaltens- und Erlebensmuster passen ebenfalls sehr gut zum inneren Kind, hier wie dort zeigen sich ähnliche Ängste und Unsicherheiten. Ein geringer Selbstwert oder ein ängstliches inneres Kind, das sich am liebsten mit dem Teddy im Arm im Bett verkriechen würde, können also mehr oder weniger das Gleiche sein.

Für die Beschäftigung mit psychischen Störungen und die Psychotherapie ist das deshalb interessant, weil nahezu alle psychischen Störungen mit einem äußerst niedrigen Selbstwert verbunden sind.[4] Und das ist oft auch das Erste, was Betroffene beschreiben, wenn sie von ihren Problemen berichten. Kaum ein Mensch mit einer Depression würde als Erstes berichten, dass er keinen Antrieb mehr hat und keine Freude mehr empfindet an Dingen, die ihm eigentlich bisher Spaß gemacht haben. Stattdessen wird er oder sie eher erzählen, dass sie nichts mehr auf die Reihe bekommt, eine Versagerin ist, sich zu nichts mehr aufraffen kann und zu nichts mehr zu gebrauchen ist. All diese Beschreibungen haben subjektiv viel mehr mit einem geringen Selbstwert zu tun (»Ich bin eine Versagerin!«) als mit einer Liste von Symptomen.

Was steckt oft hinter welchen Symptomen?

Patientin mit Depression drückt vor allem Versagenserleben und Hoffnungslosigkeit aus: Ich bekomme nichts mehr auf die Reihe, bin eine absolute Versagerin, nichts geht mehr. Mein Mann verlässt mich bestimmt bald, wenn das so weitergeht, das hält ja niemand mehr mit mir aus. → Hier lassen sich die Symptome Antriebslosigkeit, Hoffnungslosigkeit und Pessimismus erschließen.

Patient mit Panikattacken drückt vor allem massive Unsicherheit und Ängstlichkeit aus: Ich traue mich nicht mehr aus dem Haus, weil ich Angst habe, dass etwas Schlimmes passiert. Ich fühle mich so hilflos und bedroht. Manchmal ist es so schrecklich wie ein Herzinfarkt. Es musste schon ein paarmal der Notarzt kommen, aber der findet nie etwas. → Hier zeigen sich die Symptome Panikattacken und Vermeidung von angstbesetzten Situationen.

(Normalgewichtige) **Patientin mit Essanfällen** drückt vor allem (körperliche) Selbstwertprobleme und Scham aus: Ich komme irgendwie mit dem Essen nicht klar. Ich bin so schrecklich fett und hässlich. Ich muss unbedingt abnehmen, aber schaffe es nicht.

→ Symptom Körperbildstörung lässt sich erkennen; Essanfälle werden aus Scham nicht spontan berichtet, müssten noch genauer erfragt werden.

Als Psychotherapeutin ist es natürlich meine Aufgabe, von diesen Patientinnen noch ihre Symptome genauer zu erfragen. Hat die depressive Patientin auch keine Tagesstruktur mehr und liegt eigentlich dauernd im Bett? Ist sie womöglich suizidal, also selbstmordgefährdet? Wie häufig und wie stark sind die Panikattacken des Angstpatienten? Wenn sich die Situation so darstellt, dass von einer ernst zu nehmenden psychischen Störung gesprochen werden kann (siehe vorheriges Kapitel *Psychische Probleme sind kein Tabu mehr*), dann ist eine Behandlung notwendig.

Allerdings ist auch die Beschäftigung mit dem inneren Kind und dem eigenen Selbstwert nicht mehr nur ein Thema für Psychotherapien, sondern ein genereller gesellschaftlicher Trend geworden. Denn diese Metaphern sprechen den meisten von uns zumindest manchmal aus der Seele – praktisch jeder Mensch kann etwas damit anfangen. Auch ohne jemals eine Depression zu bekommen, kennen doch fast alle Menschen Phasen von Niedergeschlagenheit, Unsicherheiten, Schwierigkeiten im Selbstwert und eine stark kritische Haltung sich selbst gegenüber.

Sätze wie »Du bist dir selbst gegenüber sehr kritisch« oder »Du neigst manchmal dazu, besorgt zu sein und dich unsicher zu fühlen« werden praktisch von jedem Menschen bejaht. Daher gehören sie sogar zu den sogenannten »Barnum-Statements« – das sind Aussagen über Personen, die individuell klingen, denen aber fast jeder zustimmen würde. Deshalb werden sie etwa in Horoskopen gerne verwendet.

Der Barnum-Effekt

Der Barnum-Effekt wurde benannt nach dem Schausteller P.T. Barnum, dem die Produktion von viel Humbug und Sensationen nachgesagt wurde. Damit wird das Phänomen bezeichnet, dass es Selbstbeschreibungen gibt, von denen fast alle Menschen finden, dass sie perfekt auf sie zutreffen – dabei sind sie vor allem vage und beschreiben recht allgemein menschliches Erleben. Dennoch werden sie als individuell erlebt.
Ein Beispiel für eine solche Personenbeschreibung[5] wäre: »Sie sind auf die Zuneigung und Bewunderung anderer angewiesen, neigen aber dennoch zu Selbstkritik. Beträchtliche Fähigkeiten lassen Sie brachliegen, statt sie zu Ihrem Vorteil zu nutzen. Äußerlich diszipliniert und selbstbeherrscht, neigen Sie dazu, sich innerlich ängstlich und unsicher zu fühlen. Mitunter zweifeln Sie stark an der Richtigkeit Ihres Tuns und Ihrer Entscheidungen.«

Im Rahmen dieses gesellschaftlichen Trends sind viele Bücher und andere Angebote – etwa Seminare, Vorträge oder Workshops – auf den Markt gekommen. Sie beschäftigen sich mit dem inneren Kind, mit der Stärkung des eigenen Selbstwertes und damit, wie wichtig Selbstfürsorge oder Self Love im Leben sind. Am bekanntesten ist sicherlich der Bestseller *Das Kind in dir muss Heimat finden* von Stefanie Stahl. Aber auch viele andere Bücher widmeten sich der Frage, wie man eigene verletzliche Gefühle – das eigene innere Kind – besser kennenlernen und versorgen kann. Ein eng verwandtes Thema ist die Frage, wie man innere Kritiker oder fordernde oder strafende Selbstanteile entkräften kann – damit sind die negativen, selbstabwertenden inneren Stimmen gemeint, die Menschen mit psychischen Problemen in aller Regel ebenfalls sehr gut kennen.

Der Fokus zur »Heilung des inneren Kindes« oder bei der Steigerung des Selbstwertempfindens liegt dabei meistens darauf, Selbstzuwendung, Self Love und Self Care zu verbessern und den eigenen inneren Kritiker zu bekämpfen. Zweifelsohne hilft das auch gegen Hoffnungslosigkeit und Versagensgefühle, gegen Grübeln, Perfektionismus und soziale Unsicherheiten. Mit Metaphern wie dem »liebevollen Begleiter«, positiven Tagebüchern und dem Aufbau von selbstfürsorglichem Verhalten und Routinen wird daran gearbeitet, dass Menschen ihr Selbstwertgefühl stärken und stabilisieren, sich selbst akzeptieren und für mehr schöne Momente in ihrem Alltag sorgen. Und mit Titeln wie *Liebe dich selbst und es ist egal, wen du heiratest* wird vermittelt, dass es eigentlich fast nur darauf ankommt, sich selbst anzunehmen und sich liebevoll zu begegnen.

Vor allem im zweiten Teil des Buches komme ich noch ausführlich darauf zurück, dass das aber längst nicht alles ist. Natürlich ist es wichtig, sich selbst so zu akzeptieren und anzunehmen, wie man ist, und sich selbst gut zu behandeln. Dann hört man auf, dauernd mit sich zu hadern und immer nur die Haare in der eigenen Suppe zu suchen. Aber ein stabiler Selbstwert und psychische Gesundheit entstehen nicht allein durch einen liebevollen und freundlichen Umgang mit mir selbst. Eine ganz wichtige Basis sind auch Erfolgserlebnisse und die Erfahrung, Herausforderungen meistern zu können. Doch darüber später mehr, bleiben wir jetzt dabei, was bei der Psychologisierung unseres Alltags eigentlich passiert.

Schwierige Erfahrungen in der Kindheit

In der Arbeit mit diesen kindlichen und übermäßig kritischen Selbstanteilen gilt es als wichtig und notwendig, in der eigenen Biografie zu erforschen, wo verletzliche Gefühle und kritische Stimmen herkommen. Wir gehen grundsätzlich immer davon aus, dass das etwas damit zu tun hat, wie wir als Kinder von anderen, insbesondere von den eigenen Eltern, behandelt wurden.

Diese Idee, sich für die Antwort auf die Frage »Warum bin ich heute so, wie ich bin« in die eigene Kindheit zu begeben, ist natürlich sehr naheliegend. Seit Sigmund Freud bei der Ergründung von Symptomen, die man heute »Konversionssymptome« nennt, die Psychoanalyse erfunden hat, gilt das als gesetzt. Er fand damals unter anderem heraus, dass solche Symptome sich nicht selten im Anschluss an sexuellen Missbrauch in der Kindheit entwickelt hatten.

Konversionssymptome

Als Konversionssymptome oder Konversionsstörung werden auffällige körperliche Symptome bezeichnet, zu denen sich keine eigentliche körperliche Ursache finden lässt. Zu Freuds Zeiten typisch waren krampfanfallartige Zustände, bei denen sich die Patientinnen völlig verdrehten und ihre Bewegungen nicht beeinflussen konnten. Typischerweise wird das als nicht steuerbar erlebt und häufig auch nicht erinnert. Heute treten diese Art von Symptomen nur noch selten auf – dafür gibt es andere psychische Symptome, die es zu Freuds Zeiten noch nicht gab, etwa Selbstverletzungen oder das Verschlucken von Scherben, Nägeln und Ähnlichem.

Heute besteht unter Psychotherapeuten – egal, aus welcher therapeutischen Richtung sie kommen – absolut kein Zweifel mehr daran, dass schwierige Erlebnisse in der Kindheit oder Jugend später zu psychischen Problemen führen können. Einerseits haben etwa Menschen, die in einem gewalttätigen Umfeld aufwachsen, als Erwachsene viel mehr psychische Störungen als Menschen, die in friedlichen Familien aufgewachsen sind. Andererseits zeigen sich bei manchen psychischen Störungen die Symptome auch in Verbindung mit solchen traumatischen Erinnerungen, am meisten natürlich mit der Posttraumatischen Belastungsstörung. Deren Kernsymptom ist gerade das Wiedererleben traumatischer Ereignisse.

Dabei ist ein Trauma definiert als ein Erlebnis, in dem man schwere Gefahr, womöglich Lebensgefahr, selbst erlebt oder bei jemand anderem unmittelbar beobachtet hat. Also zum Beispiel schwere körperliche oder sexuelle Gewalt oder schwere Unfälle. Es gibt jedoch sicherlich auch schwierige Erlebnisse, die nicht die Definition eines Traumas erfüllen und sich trotzdem auf das spätere psychische Befinden niederschlagen – etwa das dritte Beispiel in der folgenden Infobox. Außerdem gibt es Erlebnisse, die sich nicht schön anfühlen, aber zum normalen Erfahrungsschatz jedes Menschen dazugehören. Etwa dass mich jemand, dem ich gerne näher wäre, sich nicht für mich interessiert; dass mir ein Projekt misslingt oder dass etwas, worauf ich mich gefreut habe, nicht so schön wird wie erhofft. Das alles ist definitiv nicht traumatisch.

Patientenbeispiele für Trauma oder schwierige Erlebnisse

Eine **Frau mit Borderline-Persönlichkeitsstörung** berichtet: Wenn mich auf einer Party oder im Klub ein Typ anspricht, der vielleicht Interesse an mir haben könnte, läuft in mir immer der gleiche Film ab. Ich gehe mit meinem Cousin von dieser Party damals nach Hause und im Auto vergewaltigt er mich – nicht zum ersten Mal. Ich lasse es über mich ergehen, weil ich echt Angst habe, dass er mich sonst umbringt. Er ist total betrunken. Ich hasse mich selbst, dass ich mitgegangen bin und denke, ich bin selbst schuld. Heute im Klub betrinke ich mich in der Regel möglichst schnell, dann sind diese Flashbacks weg. Es passiert aber auch immer wieder, dass ich mit Männern mitgehe und später gar nicht mehr weiß, wie ich da hingekommen bin. Dann hasse ich mich genauso wie früher. In solchen Situationen verletze ich mich meistens selbst, um mich innerlich abzulenken und wieder etwas anderes zu spüren.

Ein **Mann mit sozialen Ängsten** berichtet: Ich bin mit 11 Jahren mit meiner Familie vom Dorf in Schwaben in eine weit entfernte Stadt in Niedersachsen gezogen. Meine Klassenkameraden haben sich von Anfang an über mich lustig gemacht, weil ich so einen komischen Dialekt gesprochen habe. Am Anfang fiel es mir richtig schwer, sie überhaupt zu verstehen. Irgendwie bin ich in dieser Klasse dann der Prügelknabe geworden. Ein paar Jungs haben mich auf dem Schulweg regelmäßig abgefangen und verprügelt und mich als Landei ausgelacht. Ich habe mich nie getraut, das meinen Eltern zu erzählen – ich glaube, die waren selbst ziemlich überfordert nach dem Umzug. Wenn ich heute in eine Gruppe mit Männern in meinem Alter komme, fühle ich mich häufig total ängstlich und unsicher – so als würde ich gleich wieder angegriffen oder als würden die andern sich innerlich über mich lustig machen. Das fühlt sich genauso an wie die Ängste, die ich damals entwickelt habe.

Eine **Frau mit Depressionen** berichtet: Mir fällt es sehr schwer, mich bei viel Stress abzugrenzen, mal Nein zu sagen und mir Zeit für mich zu nehmen. Selbst wenn es um wirklich unwichtige Dinge geht, die fast jeder leicht ablehnt – ich schaffe das nicht, weil ich mich dann sofort total schuldig fühle. Es ist wie verhext! In der Auseinandersetzung mit meiner Kindheit ist mir klar geworden, womit das zu tun hat: Meine Eltern waren wirklich lieb, aber sie hatten ein Geschäft, und das ging immer vor – klar, das hat uns ja auch den Lebensunterhalt gesichert. Wenn ich etwas wollte, was Zeit gekostet hätte, war das fast immer ausgeschlossen. »Kind, wie soll das gehen, die Mama ist doch im Laden!« Da habe ich früh gelernt, mich schuldig zu fühlen für Wünsche, die eigentlich ganz normal waren – dass meine Mutter zu meiner Ballettaufführung kommt oder wir zu Weihnachten so schön und in Ruhe den Baum schmücken wie die Familien meiner Freundinnen. »Das kannst du doch nicht erwarten«, ist dann mein erster Gedanke. Das hat viel mit meiner Depression zu tun – die kommt nämlich immer, wenn ich viel Stress habe und es nicht schaffe, mir durch Zuwendung zu meinen eigenen Bedürfnissen Ausgleich zu verschaffen.

Das Verständnis dafür, woher solche schweren Probleme oder Symptome kommen, kann helfen, sie besser einzuordnen und dadurch auch zu überwinden. Für die Borderline-Patientin aus dem obigen Beispiel etwa ist es wichtig zu verstehen, dass sie an dem sexuellen Missbrauch nicht schuld war. Dabei kann es ihr helfen, ihr missbrauchtes inneres Kind zu besuchen und ihm zu versichern, dass es völlig in Ordnung ist und nicht schuld am Missbrauch. Dann schämt sie sich nicht mehr so sehr für diese Erlebnisse und kann sie in einer Traumatherapie bearbeiten. In dieser Traumatherapie wird sie sich diesen Erinnerungen ganz intensiv stellen und sie so häufig wieder erleben, bis sie ihren Schrecken verloren haben. Dann tauchen sie nicht mehr als unbeherrschbare »Flashbacks« auf – das ist der innere Film, den sie heute ganz intensiv und unwillkürlich im Klub erlebt. Stattdessen werden sie im normalen Erinnerungssystem abgespeichert und treiben dort nicht mehr so viel Unwesen. Es ist also wichtig zu verstehen, wo solche Probleme herkommen.

Erfolgreich überwinden kann man sie aber nur, wenn man sich ihnen intensiv stellt – und außerdem lernt und einübt, mit entsprechenden Situationen im Leben anders umzugehen.

Dem Mann mit den sozialen Ängsten, der von seinen Peers so gemobbt und verprügelt wurde, kann es gut helfen, sich klarzumachen, dass er in Situationen mit gleichaltrigen Männern heute viel weniger machtlos und ausgeliefert ist als damals. Dann sollte er sich zur Übung immer wieder in solche Situationen hineinbegeben und – zum Beispiel mithilfe von Techniken zur Entspannung und Selbstberuhigung – lernen, sie mit immer weniger Angst zu bewältigen. Bei diesen Schritten können ihm auch Vorstellungsübungen helfen, in denen er sich in seine schlimmen Erinnerungen begibt und den kleinen Jungen, der damals seinen Kameraden hilflos ausgeliefert war, beschützt und die Angreifer vertreibt. Er wird sich aber natürlich langfristig nur stabilisieren können, wenn er sich überwindet, die Dinge zu tun, die ihm am Herzen liegen, und sich so auch seinen Ängsten zu stellen. Dann wird er auch neue Erfahrungen machen, die ihn mit der Zeit am meisten stabilisieren werden.

Und die Frau mit den Schuldgefühlen, die sie immer wieder in Depressionen treiben, muss lernen, sich besser abzugrenzen, Nein sagen zu können und besser für sich zu sorgen. So kann sie eine bessere Balance in ihr Leben bringen, in der auch ihre eigenen Bedürfnisse (zum Beispiel auch dem nach Erholung) ausreichend viel Platz finden. Vielleicht hilft es ihr dabei, sich vorzustellen, dass sie durch die Zurücksetzung ihrer Bedürfnisse als Kind einen »inneren Kritiker« entwickelt hat. Der ist unzufrieden und macht ihr Schuldgefühle, wenn sie auch an sich denken möchte. Es wäre dann ein guter nächster Schritt, Widerworte gegen diesen inneren Kritiker zu finden und im Alltag immer wieder einzusetzen, um mehr entsprechend der eigenen Bedürfnisse zu handeln.

Ich habe bisher lauter Beispiele mit ausgeprägten psychischen Störungen gebracht. Wie schon besprochen, spricht die Literatur und Diskussion um das innere Kind und die Bedeutung von Selbstliebe aber auch Menschen an, die sich nur ab und an mal schlecht fühlen – also fast jeden von uns. Und generell ist es bestimmt für sehr viele Menschen hilfreich zu verstehen, wie die eigene Biografie dazu beigetragen hat, wie sie heute sind, einschließlich der negativen Gefühle, die sie manchmal erleben. Dabei geht es gar nicht immer um schlimme traumatische Erfahrungen und auch nicht nur um die frühe Kindheit. Mein eigenes Selbsthilfebuch *Raus aus Schema F*[6] mit schematherapeutischen Methoden oder der *Beziehungskosmos*[7] von Felizitas Ambauen und Sabine Meyer sind Beispiele für entsprechende Selbsthilfeliteratur für Menschen, die nicht unbedingt an einer psychischen Erkrankung, aber immer wieder unter negativen Gefühlen leiden.

Ich selbst habe mich zum Beispiel jahre-, fast jahrzehntelang bei schönem Oktoberwetter immer irgendwie mies gefühlt, obwohl es doch draußen so schön war. Irgendwann habe ich diesem Gefühl genauer hinterhergespürt und bin darauf gekommen, dass das mit dem Tod und der Beerdigung meines Vaters zu tun hatte – das war im Oktober gewesen, bei goldenem Herbstwetter. Allein diese Erkenntnis hat mir schon geholfen, meine Oktober-Gefühle abzuschwächen. Wenn sie dann wieder auftraten, nahm ich mir Zeit für mich und meine Trauer. Seitdem bin ich im Oktober ab und an melancholisch, aber mies fühle ich mich nicht mehr.

Oder ich denke an eine junge Kollegin, für die es sich ganz fürchterlich anfühlt, wenn ihr irgendetwas nicht gelingt, sie keine glatte Eins in der Prüfung schreibt oder es einem ihrer Patienten nicht besser geht. Bei der Diskussion der Frage, warum sie das so schlimm findet, kam heraus, dass sie als Schülerin immer und überall die Beste war. Dafür musste sie sich häufig noch nicht einmal sonderlich anstrengen. Sie hat es deshalb einfach noch nicht erlebt, dass es kein Drama ist, auch mal zu scheitern oder zumindest nicht zu brillieren. Die Konsequenz ist klar: Sie wird lernen müssen, das auszuhalten, denn auch im Leben der begabtesten Menschen gibt es Situationen, in denen es nicht so toll läuft. Vielleicht tut es ihr gut, immer mal ihr inneres Kind zu besuchen, um ihm genau das zu erklären. Allerdings ist der Grund hier nicht irgendein traumatisches Erleben – ganz im Gegenteil! Dadurch, dass sie praktisch nie ernsthafte Schwierigkeiten erfahren hat, ist sie dafür einfach nicht gewappnet.

Es ist also keine Frage: Die Auseinandersetzung damit, wie man tickt, wo die eigenen wunden Punkte liegen und wie man sich die negativen Gefühle und die Unsicherheit erklären kann, die einen manchmal plagen, ist sinnvoll. Und zwar nicht nur für Menschen mit psychischen Erkrankungen. Im Gegenteil: Jeder, der sich etwas für psychologische Zusammenhänge und ihren Einfluss auf das eigene Leben interessiert, kann davon profitieren. Wenn ich weiß, warum ich in manchen Situationen besonders unsicher bin oder mich schuldig fühle, kann ich besser gegensteuern und mich weiterentwickeln.

Gleichzeitig ist mir aber wichtig, dass diese Auseinandersetzung nicht ausreicht, auch wenn unsere Neigung zum Psychologisieren dies manchmal suggeriert. Wenn ich meine Erkenntnisse über meine Muster und deren Entstehung nicht nutze, um im Leben etwas anders zu machen, stecke ich weiter in ihnen fest. Ich fürchte aber, dass das in der ganzen Diskussion teilweise untergeht und wir aus verschiedenen Gründen verhaftet bleiben in der Beschäftigung mit dem inneren Kind und dem Aufbau der Selbstliebe, anstatt die nächsten Schritte zu gehen.

Beschäftigung mit der Biografie ist nicht alles

Es gibt mehrere Gründe, warum ich den starken Fokus auf schwierige Kindheitserlebnisse, Traumatisierungen und das innere Kind mittlerweile häufig auch problematisch finde. Deshalb möchte ich auch unbedingt meine Überlegungen dazu mit dir teilen. Ich habe dazu Thesen aufgestellt, die ich dir gerne genauer erklären würde.

These 1: Nicht jedes blöde Erlebnis ist ein Trauma, und ein Schutz vor allen Herausforderungen ist auch nicht gut

Wie besprochen ist ein Trauma eine hoch bedrohliche Situation. Sie kann zu massiven psychischen Folgen führen. Wir erleben aber mittlerweile einen völlig übertriebenen und maßlosen Gebrauch des Begriffs »Trauma« für alle möglichen negativen Erlebnisse. Es gibt gesellschaftliche Gruppen, in denen alles, was in irgendeiner Form negative Gefühle auslösen könnte, als »Trauma« bezeichnet wird. Das geht bis hin zu Triggerwarnungen auf Büchern, in denen (auch) von Gewalt, Krieg oder Tod erzählt wird. Damit wird angezeigt: Ich soll bloß gut aufpassen, wenn ich dieses Buch aufschlage, denn womöglich ertrage ich es nicht und werde traumatisiert … Sicherlich ist es möglich, dass so ein Buch bei mir unangenehme Gefühle auslöst – vielleicht treten mir auch Tränen in die Augen, oder ich habe schlechte Träume, wenn ich es vor dem Einschlafen lese –

aber mit einem Trauma (wie oben kurz definiert) hat das einfach nichts zu tun.

Diese übermäßige Sensibilität wird in unserer Gesellschaft insbesondere von jüngeren, besser gebildeten Gruppen vorgelebt und auch eingefordert. So erscheinen die Triggerwarnungen auf Büchern gehäuft in Literaturlisten für Studierende. Auch ich habe schon einmal von einem Studierenden auf meine Bitte hin, in einem Onlineseminar die Kamera anzuschalten, den Trauma-Knock-out erfahren: Diese Exposition sei für ihn so belastend und traumatisierend, dass er unzumutbar lange brauche, um sich davon zu erholen, deshalb könne er seine Kamera nicht anschalten. Das war wohlgemerkt ein Seminar mit einem hohen Anteil an Selbsterfahrung und persönlicher Reflexion mit viel Eigenbeteiligung und häufiger Kleingruppenarbeit. Die Teilnahme war komplett freiwillig. Alle anderen hatten die Kamera an und bewerteten die relativ persönlichen Begegnungen, die dadurch möglich wurden, sehr positiv.

Sicherlich kann es nicht schaden, gelegentlich sein Augenmerk darauf zu richten, dass auch vermeintliche Kleinigkeiten bei manchen Menschen womöglich nachhaltige Sorgen und Ängste auslösen können. Aber es gibt auch vernünftige Grenzen. Wenn man jedes alltägliche Erlebnis vor allem in Hinblick auf sein Traumapotenzial bewertet, kommt man irgendwann im Alltag einfach nicht mehr zurecht.

Deshalb möchte ich die Adressaten und manchmal auch die Einfordernden solcher Triggerwarnungen meinerseits warnen: Es gibt kein Leben ohne unangenehme Erlebnisse! Krankheit, Tod, Krisen aller Art warten auf jeden von uns. Das lässt sich gar nicht vermeiden. Wenn wir jeder entfernten Berührung mit einem Problem oder einem unangenehmen Gefühl aus dem Weg gehen wollen, sind wir irgendwann nicht mehr lebensfähig. Im Gegenteil: Ohne ein gewisses Maß an Herausforderungen und Hürden bauen wir nicht die

Resilienz auf, die wir benötigen, um im Leben zurechtzukommen. Das Beispiel meiner jungen Kollegin oben (Perfektionistin, die nie Versagen erlebt hat, siehe Seite 33) macht das deutlich. Wenn man nie Schwierigkeiten erlebt hat, ist man diesen, sobald sie dann doch irgendwann auftreten, vielleicht nicht gewachsen. Denn die Betroffenen lernen nicht, damit umzugehen, und die Angst vor Hürden oder Problemen kann riesig werden. Hundertprozentige Traumavermeidung wird niemals negative Gefühle besiegen können!

Teufelskreis von Traumavermeidung und Ängsten vor Neuem

Nur wenn wir schon Hürden überwunden haben, können wir auch das Selbstvertrauen entwickeln, dass wir uns den Herausforderungen des Lebens schon werden stellen können. Jede Hürde, die wir überwunden haben, erweitert enorm unseren Handlungsspielraum und verstärkt ein begründetes Gefühl von Kompetenz und Selbstwirksamkeit. Natürlich müssen wir nicht jede Hürde angehen – wir dürfen uns auch mal zurücklehnen und den einfachen Weg gehen. Wenn ich allerdings alle Herausforderungen vermeide, lässt das ein durchaus begründetes Gefühl von Unsicherheit oder Inkompetenz zurück. Deshalb ist es wichtig, nicht jedes unangenehme Erlebnis und jede Hürde zum »Trauma« aufzubauschen – einmal ganz abgesehen davon, dass es die Erfahrungen von Menschen, die wirklich schlimme Traumata erlebt haben, indiskutabel nivelliert.

Viele Kinder und junge Menschen sind heute vielleicht eher zu wenig Herausforderungen ausgesetzt. Denn unsere Kinder wachsen immer behüteter auf und haben immer weniger unbeaufsichtigten Bewegungsfreiraum. Zum Beispiel spielen Kinder heute im Schnitt zwei Jahre später draußen als ihre Elterngeneration, nämlich erst mit etwa elf statt wie früher mit durchschnittlich neun Jahren.[8]

Der Grund ist oft ein Wunsch nach Sicherheit der Kinder in Zeiten von wahrgenommener zunehmender Unsicherheit – obwohl statistisch betrachtet Kinder noch nie so sicher aufgewachsen sind wie heute. Durch »helikopterartiges« Umkreisen wollen viele Eltern ihren Kindern Hindernisse aus dem Weg räumen, sie unbelastet und beschützt wissen und sicherlich auch Traumata vermeiden. Es kann aber passieren, dass sie damit manchmal das Gegenteil erreichen. Denn es ist für Kinder wichtig, auch unbeaufsichtigt zu spielen, Abenteuerspiele zu spielen, bei denen zum Beispiel neues Terrain erkundet wird, und sich – natürlich immer im altersangemessenen Maße – auch einmal Risiken zuzumuten. Dadurch lernen sie, Unsicherheit und Aufregung auszuhalten und Herausforderungen ohne Ängste anzugehen.[9]

Wildes Spielen, bei dem geklettert, schnell gerannt oder weit gesprungen wird, hat positive Effekte nicht nur für die körperliche und sportliche Entwicklung, sondern auch auf die psychische und soziale Reife[10] sowie die kognitive Entwicklung. Auch ist das eigenverantwortliche und wilde Spielen förderlich für das Verständnis von Regeln und Grenzen. Kinder, die sich beim Rangeln bereits einmal einen schmerzhaften blauen Fleck eingefangen oder beim Schnitzen einen kleinen Schnitt im Finger geholt haben, gehen viel achtsamer miteinander und mit gefährlichem Werkzeug um. Es wäre deshalb vermutlich wichtiger, Kinder »so sicher wie nötig« zu erziehen anstatt »so sicher wie möglich«. Dann können sie besser lernen, Risiken gut einzuschätzen und damit angemessen umzugehen. Ganz abgesehen davon spielen Kinder, die allein rausdürfen, mit hoher Wahrscheinlichkeit auch mehr draußen und sitzen weniger vorm Bildschirm. Das ist wichtig für die Prophylaxe etwa von Übergewicht, Sehschwäche und anderen chronischen Erkrankungen und fördert ein gesundes Leben.[11]

These 2: Niemand fühlt sich immer super

Menschen, die sich immerzu pudelwohl fühlen, die gibt es nicht. Jeder Mensch kennt Momente der Unsicherheit, der Selbstkritik oder der Einsamkeit. Es wurde schon erklärt, was sogenannte Barnum-Statements sind – »Ich bin selbst mein schärfster Kritiker«, gehört zu ihnen, ist dies doch einer der Sätze, denen so viele Menschen zustimmen, so dass sie in jedem Horoskop zu finden sind! Niemand ist also in jedem Moment seines Lebens mit sich einverstanden, zufrieden, selbstbewusst und in völliger innerer Balance.

Damit will ich die Beschäftigung mit eigenen negativen Gefühlen nicht rundum abwerten. Es steckt, wie erwähnt, viel Potenzial für Erkenntnisgewinn darin. Allerdings ist es auch nicht sehr zielführend, bei jedem negativen Gefühl in der Vergangenheit nach dem dazugehörigen Trauma zu graben. Denn selbst wenn du eine überforderte oder genervte Mutter in dieser Biografie findest, was machst du dann damit? Du hast vielleicht eine Schuldige für dein Leid gefunden – aber die kann wiederum genauso gut begründet vorbringen, dass auch sie nur ein Mensch mit seelischen Verletzungen ist, die es ihr unmöglich machen, immer liebevoll und fürsorglich zu sein. Den negativen Gefühlen in der Gegenwart kannst du dich nur selbst stellen. Die damals genervte und überforderte Mutter kann dir dabei vermutlich nicht helfen. Dein Blick muss folglich weg von der damaligen Situation direkt in den erst einmal unangenehmen Moment in der Gegenwart gerichtet werden.

Gewisse seelische Erschütterungen und Frustrationen sind Teil des Lebens. Und gelegentliche Unsicherheiten gehören zum ganz normalen menschlichen Erleben schlicht dazu. Wo allerdings genau die Grenze zwischen »normalen«, »schwierigen« oder gar »traumatisierenden« negativen Erlebnissen verläuft, das ist dabei manchmal natürlich schwer zu sagen – zumal es um Erinnerungen geht, die sich für die Beteiligten auch sehr unterschiedlich darstellen können. Wenn man sich aber vor Augen führt, dass Menschen soziale Wesen sind und ohne die anderen nicht überleben könnten, ist eine gewisse Unsicherheit im Umgang mit anderen Menschen aus evolutionärer Perspektive sogar sinnvoll: Ich sollte mich ganz prinzipiell besser ab und zu infrage stellen und unsicher sein, ob ich bei anderen ankomme. Dadurch bin ich in einer Gruppe viel flexibler, als wenn ich völlig von mir überzeugt bin und mich dadurch mit einer Gruppe eventuell nicht gut arrangieren kann.

Das gilt auch umgekehrt: Wäre dir als Kind jede Frustration dieser Art erspart geblieben, hättest du es nicht geschafft, auch ein wenig abzuhärten und resilient zu werden gegen die Frustrationen, die auch später im Leben unweigerlich auf dich warten. Oder du wärst im Trauma-Vermeidungs-Helikopter-Teufelskreis gelandet und hättest heute andere negative Gefühle, nämlich Ängste vor jeder Herausforderung.

Insgesamt ist die Biografiearbeit also ein sehr wertvoller Zwischenschritt, aber noch nicht die Lösung für all unsere emotionalen Probleme.

These 3: Man sollte Erinnerungen nicht überbewerten – sie können auch falsch sein

Davon abgesehen ist Erinnerung – auch die Erinnerung an Ereignisse in meiner Biografie – immer auch in hohem Maße konstruiert. Das Gedächtnis funktioniert nicht wie eine Kamera, die Aufnahmen von Situationen macht, die dann irgendwo als saubere Kopie gespeichert werden. Stattdessen konstruiert es die erinnerten Bilder und Sinneseindrücke wieder neu und nutzt dafür alle möglichen Schlüsselreize, zum Beispiel Wissen über die Vergangenheit oder die Gefühle, die ich gerade erlebe. Dadurch können sich Erinnerungen auch verändern, oder es können Ereignisse erinnert werden, die gar nicht passiert sind.[12]

Es gibt auch viele wissenschaftliche Untersuchungen zu der Frage, ob Menschen falsche Erinnerungen gezielt »implantiert« werden können, zum Beispiel mit angeleiteten Vorstellungsübungen zu der Situation, die erinnert werden soll. Solche Studien werden insbesondere in der Kriminalistik und Forensik durchgeführt, beispielsweise um einzuschätzen, wie akkurat Zeugenaussagen sein können. Dabei zeigt sich, dass es ziemlich einfach ist, Menschen mit bestimmten Anleitungen dazu zu bringen, falsche Dinge zu erinnern.[13]

Viele Menschen kennen es von sich selbst, dass sie Kindheitserinnerungen haben, die einfach nicht stimmen *können*. Zum Beispiel erinnert sich mein Cousin ziemlich bildlich an einen Kindheitsurlaub in Österreich – da war er aber gar nicht dabei, weil er diesen

Urlaub bei unseren Großeltern verbracht hatte, was er lange nicht wusste. Die Bilder von den Bergen im Fotoalbum, die Erzählungen von dem Gewitter auf der Wanderung – das alles hat sich bei ihm als eigene Erinnerung festgesetzt. Dazu gehört auch, dass manchmal verschiedene Beteiligte ein und dasselbe Ereignis völlig unterschiedlich erinnern. In der folgenden Infobox findest du ein Beispiel dafür. Kennst du so etwas auch?

Unterschiedliche Erinnerungen

Eine Freundin von mir, die eine eineiige Zwillingsschwester hat, erzählt dazu diese lustige Begebenheit aus einem Urlaub, bei dem die beiden etwa sieben Jahre alt gewesen sein müssen: »Wir waren auf Ibiza und haben beide ganz viele kleine Zöpfe geflochten bekommen, mit bunten Perlchen am Ende. Für mich ist das eine total schöne Erinnerung – ich habe mich so über die vielen hübschen, bunten Zöpfchen gefreut! Nichts trübt dieses schöne Bild. Für meine Schwester ist das dagegen eine richtig stressige Erinnerung – sie kann sich nur erinnern, dass es unserer Mutter schlecht gegangen sei, sie habe Migräne gehabt und unbedingt ins Hotel zurückgewollt. Aber weil wir beide so lange Haare gehabt hätten, habe sie unerträglich lange warten müssen. Meine Schwester hat noch heute ein schlechtes Gewissen, wenn sie an diese Zöpfchen denkt. Das ist krass, denn daran kann ich mich überhaupt nicht erinnern. Aber irgendwie passt das zu uns, meine Schwester nimmt alles immer sehr schwer, und ich bin eher die Fröhliche von uns beiden. Unsere Mutter weiß heute übrigens gar nichts mehr von diesen Zöpfchen.«

Erinnerungen sind auch abhängig von der aktuellen Stimmung – sie sind »stimmungskongruent«. Das heißt, wenn du grade ausgelassen und gut gestimmt bist, wirst du dich eher an lustige oder schöne Sachen erinnern – oder du wirst ein Ereignis, das du erinnerst, eher positiv einschätzen. Wenn du dich gerade selbstbewusst fühlst, wirst du eher Dinge erinnern, die dazu passen.[14] Eine negative, depressive Stimmung führt dagegen wahrscheinlicher dazu, dass Dinge negativer erinnert werden oder auch mehr negative Dinge falsch erinnert werden.[15]

In diesem Zusammenhang gibt es schon seit Jahrzehnten eine große Debatte darüber, ob Erinnerungen, die durch Therapien oder andere gezielte psychologische Techniken auftauchen, zutreffen oder nicht – den sogenannten »Memory War« (»Erinnerungskrieg«), der vor allem in den 80er- und 90er-Jahren des 20. Jahrhunderts in den USA tobte. Achtung: Klar erinnerte Traumata, die eine Person schon seit ihrer Kindheit mit sich herumschleppt und denen sie nicht entkommen kann, sind nicht gemeint. Sondern es geht um Erinnerungen, die auftauchen, nachdem zum Beispiel gezielt Vorstellungsübungen mit »Rückführungen« in die Kindheit auf der Suche nach Traumata durchgeführt werden, bei denen dann genau solche Traumabilder auf einmal auftauchen und sich wie eine Erinnerung anfühlen. Letztlich kann man nicht in jedem Einzelfall sicher sagen, ob eine solche Erinnerung mit einem realen Erlebnis korrespondiert oder nicht – nicht jede derartige »Erinnerung« ist wirklich passiert. Es gibt falsche Erinnerungen. Und es treten auch immer wieder Fälle auf, in denen sehr eindeutig durch gezielte therapeutische Techniken falsche Missbrauchserinnerungen entstanden sind.[16]

Wichtig ist mir dabei: Das alles hat in den meisten Fällen nichts mit Einbildung, Lügen, Erfindung, Manipulation oder Ähnlichem zu tun. Sondern so funktioniert einfach unser Gedächtnis.

Erinnerung ist Konstruktion, die zu dem passt, was wir von uns wissen und glauben oder wie es uns gerade geht. Dies passiert in der Regel natürlich unbewusst. Aber man kann sich solche Effekte durchaus auch bewusst machen. Wenn ich gerade in einer depressiv-grüblerischen Stimmung versunken bin, werden meine spontanen Erinnerungen eher kongruent mit dieser Stimmung sein. Wenn ich mir diese Stimmung und ihre Effekte auf meine Erinnerungen klar vor Augen führe, kann ich davon auch etwas Abstand bekommen, und der Effekt der Stimmung wird schwächer.[17] Aus diesem Grund gibt es übrigens auch als gute Technik gegen depressive Stimmung den Vorschlag, sich gezielt an positive Ereignisse im eigenen Leben zu erinnern. Denn umgekehrt können auch positive Erinnerungen die Stimmung hochziehen – so wie gezielte negative Erinnerungen die Stimmung natürlich drücken können.[18] Vielleicht hast du solche Erfahrungen selbst auch schon gemacht.

Erinnerung ist Konstruktion

Wenn du lange genug in deiner Kindheit nach Ereignissen suchst, die zu einem aktuellen negativen Gefühl passen, wirst du etwas finden. Ob das wirklich genauso passiert ist und welche Bedeutung es wirklich für dein heutiges Gefühl hat, das ist oft total dahingestellt. Wenn das Kreisen in Gefühlen, Erinnerungen und der Kindheit zum Selbstzweck wird, bringt es einfach nichts mehr.

These 4: Die Dosis entscheidet über »Medikament oder Gift«

Ich möchte immer wieder betonen, dass die Auseinandersetzung mit eigenen Mustern und Blockaden durchaus gut und richtig sein kann. Aber nur in der richtigen Dosis. Und sie sollte vor allem dem Ziel dienen, zu verstehen, was man selbst anders machen kann, um besser die eigenen Bedürfnisse verfolgen zu können und dabei störenden Mustern zu entkommen oder besser damit zu leben. Andernfalls kann es eher schwierige Konsequenzen haben.

Gerade das Graben in der Kindheit führt häufig dazu, dass etwa den Eltern schwere Vorwürfe gemacht werden für vermeintliche Fehler, deren Diskussion mittlerweile aber nicht mehr sinnvoll ist. Was passiert ist, ist passiert – und ob sich ein Leben wirklich anders entwickelt hätte, wenn die Mutter nicht manchmal etwas ruppig reagiert hätte, wer weiß das schon wirklich? Mal ganz zu schweigen von den Situationen, in denen ausgeprägte falsche Traumaerinnerungen produziert werden – dann wird womöglich den Eltern oder anderen nahen Bezugspersonen massives Fehlverhalten vorgeworfen, das in Wirklichkeit nie stattgefunden hat. Das ist höchst unfair und beschädigt in der Regel auch die Beziehungen zwischen allen Beteiligten massiv.

Zudem ist die psychotherapeutische Behandlung mit einem starken Fokus auf Traumatisierung nicht immer hilfreich. Viele Betroffene erleben dadurch auch Verschlechterungen in ihrer Stimmung. Das führt dazu, dass von manchen Traumaexperten mittlerweile auch die sogenannte »Present-Centered Therapy« empfohlen wird. Diese richtet sich statt auf die Arbeit am Trauma in erster Linie auf die Verbesserung der aktuellen Lebenssituation. Sie ist häufig ebenso wirksam wie Traumatherapie, wird von den Betroffenen aber oft besser akzeptiert.[19] Darüber hinaus kann sie einfacher sein, denn man muss sich nicht mit den schwierigen Trauma-Erinnerungen auseinandersetzen.

Außerdem führt dieser Fokus auf die eigene Verletzlichkeit und das eigene innere Kind oft auch zu einer recht passiven Haltung. Ich beschäftige mich dann mehr damit, wie (schlecht) es mir geht und warum, als damit, wie es mir besser gehen kann. Dahinter steckt oft auch die Annahme, dass es mir eh erst besser gehen kann, wenn ich irgendetwas irgendwie aufgearbeitet habe. Das funktioniert aber so nicht – ohne ein aktives Anders-Herangehen an mein Leben wird sich in aller Regel wenig ändern.

Therapie statt Leben

Ich habe vor vielen Jahren eine Patientin behandelt, die sich ihr Leben lang schon mit allerlei Ängsten plagte. In unserer Therapie ging es vor allem darum, wie sie sich diesen Ängsten immer wieder widersetzen und trotzdem ein gutes Leben führen konnte. Das klappte so leidlich und sie kam im Großen und Ganzen ganz gut zurecht. Bis sie sich in eine stationäre Reha-Behandlung begab, in der sie auch ein paar Sitzungen bei einer Therapeutin hatte. Die setzte ihr den Floh ins Ohr, dass ihre Ängste auf ein unerkanntes frühkindliches Trauma hindeuteten. Das war eine verlockende Nachricht für meine Patientin, denn sie schöpfte die Hoffnung, dass sich die Ängste in Luft auflösen würden, wenn sie nur das Trauma finden könnte.

Nach diesem Reha-Aufenthalt war sie mit kaum etwas anderem mehr beschäftigt. Sie forschte in ihrer Familie und ging damit mutmaßlich allen etwas auf die Nerven, zumal sich einfach kein Trauma finden wollte. Man einigte sich darauf, dass eine Klassenfahrt in der sechsten Klasse wohl der Quell des Übels gewesen sein könnte – dort hätte sie starkes Heimweh gehabt und habe auch weinend daheim angerufen. Leider konnte sich meine Patientin gar nicht daran erinnern, und ich weigerte mich, in der Therapie irgendwelche Traumata produzierenden Techniken einzusetzen. Wir trennten uns einvernehmlich – ich hoffe, dass sie inzwischen ihre heutigen Probleme angegangen ist und dafür gute Lösungen gefunden hat.

Die exzessive Beschäftigung mit der eigenen Verletzlichkeit, die übrigens nicht selten von Therapeutinnen angetrieben wird, kann so auch zu einem Prozess werden, der sich immer mehr selbst verstärkt und irgendwann keine positiven Ergebnisse mehr zeitigt. Denn in psychologischen Begriffen gesprochen kann man durchaus »auf verletzliche Gefühle konditionieren«. Und das kann richtig schädlich sein. Was mit dieser »Konditionierung auf verletzliche Gefühle« gemeint ist, darum geht es in der nächsten These.

These 5: Das Erleben und der Ausdruck von negativen Gefühlen sind konditionier- und erlernbar wie jedes andere Verhalten auch

Mit dem Begriff »Konditionierung« werden generell Lernprozesse beschrieben, die man in Alltagsworten auch als Ausbildung von Gewohnheiten bezeichnen könnte. Der bekannteste Begriff in diesem Zusammenhang ist die *klassische Konditionierung*, die von Iwan Pawlow als Erstem systematisch beobachtet wurde. Das ist die Geschichte mit den Hunden, bei denen immer kurz vor der Fütterung eine Glocke läutete – bald lief den Hunden schon das Wasser im Mund zusammen, wenn sie nur die Glocke hörten, weil sie nun daran gewöhnt waren, dass diese das Futter ankündigte.

Bei der Konditionierung auf negative Gefühle spielt eher die *operante Konditionierung* eine Rolle. Dieser Begriff stammt von Burrhus F. Skinner und sie spielt vor allem für das Lernen neuer Verhaltensweisen eine wichtige Rolle. Skinner hielt Tauben in einem Käfig, in dem sie allerlei Dinge tun und Knöpfe drücken konnten. Beim Drücken eines bestimmten Knopfes erhielten sie immer eine Futterperle. Durch diese Belohnung – der technische Begriff für Belohnung ist hier »Verstärkung« – lernten sie unglaublich schnell, häufig diesen Knopf zu drücken. Das Gesetz der operanten Konditionierung lautet deshalb: Wenn ein Verhalten verstärkt wird, tritt es in der Zukunft häufiger auf. Diesen Prozess kannst du zum Beispiel bei Kindern beobachten, die viel Aufmerksamkeit brauchen, die sie im Alltag nicht immer bekommen. Wenn sie sich aber im Supermarkt schreiend auf den Boden werfen, ist ihnen auf einmal alle Aufmerksamkeit garantiert. Wenn du hier als Elternteil nicht sehr gezielt mit deiner Aufmerksamkeitsbezeugung gegensteuerst, wird sich dieses Kind immer häufiger schreiend im Supermarkt zu Boden werfen …

Was hat die operante Konditionierung mit verletzlichen Gefühlen und der Suche nach dem Trauma zu tun? Nun, es kann ehrlicherweise in Therapien ganz ähnlich laufen. Eine Klientin, die sich in ihrem Alltag vielleicht recht allein fühlt und wenige Freunde hat, erzählt der Therapeutin von negativen Gefühlen und ihrem inneren Kind. Die Therapeutin interessiert sich enorm dafür, lobt sie dafür, dass sie sich mit diesen wichtigen Gefühlen beschäftigt, und fragt intensiv nach. Das ist eine massive Verstärkung dieser Gefühle! Die Wahrscheinlichkeit, dass diese Klientin in der Zukunft mehr auf solche Gefühle achtet, mehr darüber spricht und mehr Aufmerksamkeit dafür erwartet, ist hoch. In der folgenden Infobox habe ich für dich ein paar Beispiele für solche Situationen gesammelt:

Konditionierung auf negative Gefühle

Als junge Therapeutin bin ich noch ohne diesen kritischen Blick an die »Arbeit mit dem inneren Kind« rangegangen und hatte einmal eine **Patientin, die sich sehr abhängig von anderen Menschen fühlte** und die Aufmerksamkeit, die ich ihrem inneren Kind schenkte, total genoss. Mir war noch nicht klar, wie viel Unheil ich damit auch anrichten konnte … Deshalb freute ich mich über den Zugang, den sie zu ihren Gefühlen hatte, und machte zwei Stuhldialoge – therapeutische Übungen, in denen verschiedene Anteile einer Person auf verschiedene Stühle gesetzt werden – mit ihr, bei denen sich ihr ängstliches inneres Kind auf einen ganz gemütlichen Ohrensessel in meiner Praxis setzen durfte. Dort weinte sie ausgiebig, und ich kümmerte mich um sie und tröstete sie. Rate, was nach diesen zwei Sitzungen beim nächsten Mal passierte? Die Patientin kam in die Praxis, warf sich in den Ohrensessel, fing furchtbar an zu weinen und wollte einfach nur noch getröstet werden … es war ein ziemliches Stück Arbeit, aus dieser rasch erfolgten Konditionierung wieder herauszukommen!

Ein **Kollege** von mir, mit dem ich gelegentlich Konflikte hatte, weil wir sehr unterschiedlich an manche Aufgaben herangingen, **begann irgendwann mit einer Psychoanalyse** – drei- bis viermal pro Woche legte er sich jetzt auf die Couch seiner Analytikerin, dafür mussten seine Arbeitszeiten angepasst werden, und es gab für ihn nichts Wichtigeres mehr in seinem Leben. Nach ein paar Monaten Analyse änderten sich unsere Konflikte: Aus unseren vorher stets lösungsorientierten kurzen, kernigen Auseinandersetzungen, ob wir bei einem bestimmten Problem »rechts- oder linksrum« gehen sollten, wurden auf einmal Problemgespräche. Er setzte mir einen Termin in den Kalender, um mir auseinanderzusetzen, wie wenig er sich gesehen fühlte, wenn ich seine Sichtweise nicht wertschätzen würde – als Psychologin müsse ich das doch verstehen … Ich fühlte mich sehr in der Zwickmühle – einerseits kann man doch jemandem, der sich so öffnet, kaum mit Missachtung seiner Gefühle begegnen, oder? Andererseits war ich unfassbar genervt, denn jetzt hatten wir nicht nur unterschiedliche Vorstellungen, sondern zusätzlich auch noch stundenlange Psychogespräche dazu … Du kannst dir vielleicht vorstellen, dass diese Arbeitsbeziehung relativ schnell total den Bach runterging.

Hast du als Kind vielleicht auch diese **Mädchen** in der Klasse gehabt, **die immer theatralisch losheulten, wenn die Lehrerin sie kritisierte**, oder warst du vielleicht selbst eines dieser Kinder? Im Grunde passiert hier genau das Gleiche: Das Kind lernt, dass es mit Samthandschuhen angefasst wird, wenn es weint, also weint es irgendwann bei jeder Gelegenheit, die sonst irgendwie kritisch werden könnte. Den Klassenkameraden geht vielleicht innerlich »das Messer in der Tasche auf«, und untereinander sprechen sie von der »Heulsuse«. Das möchte natürlich eigentlich niemand sein. Aber vordergründig ist es immer wieder einfach und wischt Probleme weg, deshalb können so sehr hartnäckige Konditionierungen entstehen.

Der dritte wichtige Lernmechanismus neben der klassischen und operanten Konditionierung ist übrigens das sogenannte *soziale Lernen*. Das bedeutet, dass ich beobachte, wie andere sich verhalten, und mich dann ebenso verhalte. Das ist für das soziale Zusammenleben natürlich enorm wichtig. Und für die Verbreitung der Beschäftigung mit dem inneren Kind spielt es sicherlich auch eine bedeutsame Rolle.

Soziales Lernen

Ich bin eigentlich ein Mensch, der dazu neigt, die Dinge eher unkompliziert zu sehen. Allerdings arbeitete ich einmal in einem Klinikteam, in dem alle **Kolleginnen** mehr oder weniger damit **angaben**, wie schwierig die Patientinnen waren, die sie behandelten, und wie kompliziert dabei alles war. Es ist mir etwas peinlich, aber irgendwann habe ich mich dabei ertappt, dass ich das übernommen hatte – auf einmal dramatisierte ich Patientinnen, von denen ich vorher (und auch danach in anderen Teams wieder) gesagt hätte, dass sie im Grunde akzeptabel liefen. Drama war in dieser Gruppe einfach die Norm, und wer keines lieferte, bekam kaum Beachtung. So ähnlich kann es laufen, wenn du in sozialen Gruppen unterwegs bist, in denen psychische Probleme und Themen besondere Beachtung finden. Du wirst automatisch auch mehr über solche Themen sprechen, wenn du dafür Beachtung bekommst.

Auch **hochproblematische Verhaltenssymptome** kann man sich von anderen abschauen. So sind mittlerweile Selbstverletzungen – vor allem »Ritzen« – sehr verbreitet, gerade bei jüngeren Patientinnen. Und Kinder- und Jugendpsychiater, die in Kliniken arbeiten, berichten, dass Jugendliche, die sich vor dem Klinikaufenthalt nicht ritzten, dies nach dem Klinikaufenthalt nahezu garantiert tun – sie schauen es sich von ihren Mitpatienten schlicht ab. Und auf einem internationalen Treffen von Borderline-Therapeuten habe ich vor einigen Jahren gelernt, dass unter amerikanischen Klinikpatientinnen mit Borderline-Störung das Verschlucken von Scherben, Nägeln oder ähnlichen gefährlichen Gegenständen stark verbreitet ist; in Europa kannte das zu dieser Zeit kaum jemand. Offensichtlich haben sich das die amerikanischen Patientinnen voneinander abgeschaut.

Was ist so reizvoll an Psychothemen?

Warum aber kreisen wir so gerne um unser trauriges inneres Kind, unsere negativen Gefühle, die negativen Erinnerungen aus unserem Leben? Es ist doch eigentlich nicht schön, negative Gefühle zu erleben – weshalb beschäftigen wir uns dennoch so intensiv damit? Die Konditionierung, die wir im vergangenen Abschnitt besprochen haben, ist doch sogar kontraproduktiv – ich lerne durch Verstärkung, dass es sich für mich lohnt, mich schlecht zu fühlen. Eigentlich kann sich das niemand wünschen und niemand gut finden. Wenn man sich die Sache allerdings genauer anschaut, gibt es doch viele gute Gründe dafür. Psychologisch gesprochen: Die Verstärker sind vielfältig und mächtig! Dabei spielen verschiedene Ebenen zusammen. Es gibt gesellschaftliche, soziale und individuell-psychologische Gründe, warum die Pflege der eigenen Verletzlichkeit sich gut anfühlen kann.

Gesellschaftliche Gründe

Gesellschaftlich gibt es – zumindest in bestimmten Gruppen – eine stetig wachsende Erwartung, sich beständig mit seinen Traumata und Verletzungen zu beschäftigen. Wer das nicht tut, sondern oft glücklich wirkt, verdrängt irgendetwas, kennt sich selbst nicht und führt ein irgendwie unreifes, nicht ausreichend durchanalysiertes Leben … Und wer sich bei seinen Mitmenschen mehr dafür interessiert, was sie eigentlich so machen, anstatt wie sie sich fühlen, kann schnell als oberflächlich und lieblos abgewertet werden. Hier ist also auch viel soziales Lernen am Werk. Diese beiden Aspekte – die Konditionierung auf die negativen Gefühle und die hohe Bedeutung, die die Gesellschaft diesen Gefühlen zuschreibt – verstärken sich auch wiederum gegenseitig.

Das Psychologiestudium wird immer beliebter

Passend dazu ist Psychologie mittlerweile eines der beliebtesten Studienfächer – laut statistischem Bundesamt ist die Zahl der Studierenden der Psychologie zwischen dem Wintersemester 2015/2016 und dem Wintersemester 2019/2020 – also innerhalb von nur 4 Jahren – um 28 Prozent auf 91 000 gestiegen.[20] Die gesamte Anzahl aller Studierenden stieg in dieser Zeit nur um knapp 5 Prozent, also deutlich weniger. Deutlich mehr interessieren sich aktuell für das Fach Psychologie als Studienplätze dafür in Deutschland vorhanden sind, deshalb liegt der Numerus Clausus hier zurzeit bei Werten zwischen 1,0 und 1,7.[21] Diese Entwicklung zeigt, dass zum einen Psychologie und Psychotherapie immer stärker als wichtiges Thema wahrgenommen wird. Immer mehr Menschen halten es für so zentral, dass sie es sogar zum Kernthema ihres beruflichen Lebens machen wollen. Es freut mich als Psychologin natürlich, wie beliebt mein Fach geworden ist. Aber das hat andererseits auch den Effekt, dass immer mehr Menschen aus tiefstem Herzen die Überzeugung vertreten, dass man negativen Gefühlen auf die Spur kommen und sie mit professioneller Unterstützung behandeln muss und dass immer mehr Menschen profimäßig auf der Suche nach Problemen und schwierigen Gefühlen unterwegs sind.

Coaching- und Beratungsangebote nehmen zu

Parallel dazu ist die Coachingszene in den letzten Jahren massiv gewachsen. Gefühlt macht mittlerweile fast jeder Coaching – entweder als Coach oder als Coachee bzw. Klient oder Klientin. Es gibt hier wenig seriöse Statistiken – aber alles deutet darauf hin, dass sich auch die Zahl der Coaches, Yogalehrer, Berater, Schamanen usw. beständig vergrößert. Dabei gibt es ein riesiges Spektrum – an einem Ende steht der eher sportlich orientierte Life Coach, die als Physiotherapeutin angefangen hat und jetzt ihren Kunden hilft, ihr Leben durch Personal Training mit Sport, Ernährung und Disziplin zu optimieren. Am anderen Ende des Spektrums lassen sich Menschen in einem Wochenendseminar zum spirituellen Schamanencoach ausbilden und begleiten ihre Klientinnen mit weitgehend ungeprüften Techniken oder Ritualen aus fernen Kulturen bei ihrer persönlichen Entwicklung. Und dazwischen gibt es natürlich eine große Masse an Konzepten und Angeboten, die der Selbsterforschung, -erfahrung und -optimierung dienen.

Nun hat Coaching anders als Psychotherapie eher den Anspruch, die eigenen Ziele besser zu erreichen und die eigene Performance zu steigern. Allerdings überschneiden sich die eingesetzten Techniken durchaus mit psychotherapeutischen Techniken, und auch hier geht es darum, eigene Muster zu entdecken und zu reflektieren. Und wieder gilt: Je mehr Menschen sich damit befassen, je größer das Angebot ist, umso größer muss auch die Nachfrage werden – es ist also eine wichtige Aufgabe auch der Coachingcommunity, ihren potenziellen Kunden klarzumachen, wie wichtig der Blick nach innen und die Auseinandersetzung mit eigenen, idealerweise noch unentdeckten Mustern und Emotionen ist.

Therapeuten und Coaches haben immer mehr Kunden

Korrespondierend dazu nehmen immer mehr Menschen Psychotherapie oder Coaching in Anspruch. Zum Beispiel steigen die Zahlen der Depressionsdiagnosen beständig.[22] Dabei ist auffällig, dass eine Erweiterung des Angebotes nie dazu führt, dass die Nachfrage gedeckt wird und sich etwa Wartezeiten auf Therapien verkürzen. Erst recht führt eine Vergrößerung des Angebotes nicht dazu, dass weniger Menschen etwa unter Depressionen leiden – das Gegenteil ist der Fall: Umso größer das psychotherapeutische oder psychiatrische Versorgungsangebot in einer Gegend ist, desto mehr Menschen erhalten die Diagnose einer Depression und werden damit zum Beispiel auch langfristig krankgeschrieben. Die Vergrößerung des Angebotes führt also in erster Linie zu einer Vergrößerung der Nachfrage. Das gilt übrigens für nahezu alle Angebote im Gesundheitswesen – bis hin zu solchen absurden Beispielen wie der rasanten Zunahme von Rückenoperationen in den letzten Jahren (siehe folgende Infobox). Auch solche Entwicklungen lassen sich gut mit sozialem Lernen erklären. Wenn ich sehe, dass immer mehr Menschen in meinem Umfeld oder meinen Social-Media-Kanälen etwas Bestimmtes tun und für richtig halten, werde ich selbst das auch mit höherer Wahrscheinlichkeit tun.

Rückenoperationen

Die Zahl von Rücken-OPs nimmt beständig zu. Von 2007 bis 2015 hat sie sich von etwa 450 000 auf 770 000 um 70 Prozent erhöht. Dabei zeigen etwa Zahlen der Techniker Krankenkasse, dass mittlerweile geschätzte acht von zehn dieser Operationen unnötig sind. Es ist vollkommen offensichtlich, dass die hohe Zahl der Operationen einfach an dem großen Angebot liegt. Das wird mittlerweile selbst von den Fachverbänden, die eigentlich immer dafür lobbyieren, dass ihr Angebot ausgeweitet werden muss, kritisiert … Es ist leider ein Trugschluss, davon auszugehen, dass ein Behandlungsvorschlag, den ich im Gesundheitssystem erhalte, immer in meinem eigenen Interesse ist.

Ganz konkret beobachte ich diese Steigerung der Nachfrage nach Psychotherapie etwa in meinem eigenen Umfeld. In manchen sozialen Gruppen – für mich etwa auffällig häufig bei jungen Erwachsenen, die sich nach dem Abitur in einer mit einer gewissen Unsicherheit behafteten Lebensphase befinden, nimmt nahezu jeder Psychotherapie in Anspruch. Dabei sind Gefühle von Unsicherheit, gelegentlicher Überforderung oder gewisse Ängste in dieser Lebensphase ganz normal und lassen sich am ehesten dadurch überwinden, dass man das Leben angeht – aber dazu werden wir noch ausführlich kommen.

Soziale und psychologische Verstärker

Dieses große, gesellschaftlich sehr breite Interesse begünstigt den Fokus auf negative Gefühle auch im alltäglichen sozialen Miteinander. Und hier findet sich eine breite Palette von Verstärkern, die das Graben in den eigenen negativen Gefühlen attraktiv machen, selbst wenn sich diese Gefühle ja im engeren Sinne nicht gut anfühlen.

Psychische Probleme als Gesprächsthema

In vielen sozialen Gruppen stößt man mit diesen Themen auf Aufmerksamkeit und Interesse. Es ist gewissermaßen angesagt, über psychische Probleme und schwierige Emotionen zu sprechen. Ich habe damit immer ein Gesprächsthema, mit dem ich auch ernst genommen werden muss. Ich bekomme Aufmerksamkeit, finde Kontakt zu anderen, komme leicht ins Gespräch. Und das ohne größeren Aufwand – denn negative Gefühle lassen sich bei jedem und jeder aufspüren, wie wir schon gesehen haben. Hingegen ist im Vergleich dazu etwa der Aufbau eines gemeinsamen Hobbys, das ja auch eine gute Grundlage für gemeinsame Aktivitäten und Gespräche sein kann, mit wesentlich mehr Mühen verbunden ... Schließlich muss ich dafür vielleicht regelmäßig zum Sport gehen, für Wandertouren früh aufstehen oder Geld in Ausbildung, Training oder Ausrüstung investieren. Langfristig mag das extrem lohnend sein, aber kurzfristig ist es auch einfach sehr anstrengend. Zudem werde ich so ein Hobby oft nur mit einer kleinen Gruppe von Menschen teilen, während – wie besprochen – sich jeder Mensch ebenfalls manchmal unsicher oder einsam fühlt. Das gilt natürlich nicht nur für persönliche Kontakte, sondern noch mehr für Social Media. Dort hat die Aufmerksamkeit für Psychothemen und die Zurschaustellung der eigenen Verletzlichkeit Dauerhochkonjunktur.

Soziale Zuwendung als Belohnung

Das Sprechen über psychische Probleme, negative Gefühle und die eigene Verletzlichkeit wird sozial belohnt und damit verstärkt. Bei diesen Themen hören mir andere zu, zeigen Verständnis und Interesse und spenden mir insgesamt viel Zuwendung. Entsprechende Posts auf sozialen Medien werden häufig gelikt und mit Mitgefühl kommentiert. Das wiederum führt bei mir zu positiven Gefühlen. Ich fühle mich wohl, beachtet und angenommen. Wie schon erwähnt, führt diese Verstärkung wiederum dazu, dass man solche Gesprächsthemen gern und häufig wählt.

Zumal man von der breiten Palette der Reaktionen anderer Menschen in der Regel nur die positiven Aspekte mitbekommt, denn negative Reaktionen werden in aller Regel nicht offen gezeigt. Das ist einfach sozial wenig akzeptiert. Selbst wenn jemand seinem Umfeld mit dem Fokus auf die eigenen Probleme und Gefühle massiv auf den Wecker geht, wird er oder sie dies in vielen Fällen wohl kaum mitbekommen. Ein bisschen lästern über die anstrengende negative Psycho-Freundin wäre ja noch okay – ihr das zu sagen, dass sie vielleicht mal den Hintern hochbekommen und aufhören sollte zu jammern, führt aber im sozialen Umfeld mit einer gewissen Wahrscheinlichkeit eher zu Entsetzen. Denn große Gruppen der Gesellschaft betrachten diese Themen als wichtig und vor allem auch als hoch sensibel. Es wäre ein massives Tabu, ihnen *nicht* einfühlsam und mit Interesse zu begegnen.

Negative Reaktionen werden wenig kommuniziert

Kürzlich unterhielt ich mich mit einer Freundin über unsere gemeinsame Bekannte X, mit der meine Freundin sehr viel enger ist als ich. Auf die Frage, wie es X ginge, antwortete meine Freundin: »Ich habe ein ganz schlechtes Gewissen, aber ich habe mich ewig nicht bei ihr gemeldet, und ich habe auch überhaupt keine Lust dazu. Wenn ich mit ihr spreche, geht es immerzu um ihre Probleme, ihre Depressionen und wie sie unter ihrer Beziehung leidet. Irgendwie ist das so anstrengend. Ich sollte sie wirklich mal wieder anrufen …« Ich konnte meine Freundin gut verstehen, mir geht es mit X genauso, deshalb halte ich mich auch eher zurück. Aber irgendwie ist es natürlich auch blöd, dass X dadurch gar nicht mitbekommt, wie sehr sie andere mit ihren dauernden Psychothemen abschreckt und damit ihren Beziehungen schadet. Wäre ihr das klar, würde sie womöglich versuchen, in ihren sozialen Beziehungen etwas positiver und konstruktiver aufzutreten.

Leid führt zu Schonung

Ganz generell werden Menschen, denen es – aus welchem Grund auch immer – nicht gut geht, von anderen geschont. Das ist grundsätzlich auch sehr sinnvoll und ein wichtiger Teil der sogenannten

Krankenrolle (siehe folgende Infobox). Wer krank ist, wem es nicht gut geht, wer gesundheitlich eingeschränkt ist, der oder die sollte sich zunächst einmal voll darauf konzentrieren, dass der eigene Gesundheitszustand wieder besser wird. Verpflichtungen, Aufgaben, Anforderungen und andere unangenehme Dinge des Lebens können und sollen bis dahin warten.

Nun lässt sich natürlich darüber streiten, wo die Grenze zur Krankheit verläuft. Allerdings wird das ja nicht in jedem Einzelfall reflektiert oder gar diskutiert. Auch wenn meine Freundin »nur« Liebeskummer hat, werde ich mich zurückhalten, im Moment viel von ihr zu erwarten. Die Krankenrolle ist für Menschen mit schweren psychischen Störungen, etwa einem schizophrenen Schub oder einer schweren Depression, zweifellos absolut angemessen und wichtig. Sie findet aber bei vielen anderen emotionalen Problemen oder leichteren Störungen oft eher implizit und automatisch eine Anwendung. Wie schon erwähnt, ist der Übergang zwischen normalem Erleben und negativen Gefühlen, die jeder Mensch hat, zu ernsthaften psychischen Störungen im Bereich der Psyche sehr fließend. Insofern werden tendenziell auch Menschen geschont, die im engeren Sinne sicherlich nicht als »krank« zu werten wären.

Krankenrolle

Das Konzept der »Krankenrolle« wurde in der Medizinischen Soziologie vor allem von Talcott Parsons entwickelt und hat sich seitdem sehr etabliert. Es beschreibt den Umgang unserer Gesellschaft mit kranken Menschen. Wer krank ist, dem wird von uns die sogenannte Krankenrolle zugeschrieben. Es wird dabei davon ausgegangen, dass der Kranke an seiner Erkrankung nicht selbst schuld ist.

Die Krankenrolle beinhaltet, dass man von den üblichen sozialen Rollen, also den Aufgaben und Verpflichtungen des Alltags, entbunden wird und ein Recht auf Betreuung hat. Wenn du mit Fieber im Bett liegst, musst du nicht zur Arbeit gehen, und es ist auch okay, wenn jemand anders dein Kind aus dem Kindergarten abholt. Dafür hat die Kranke allerdings die Aufgabe, sich ganz ihrer Genesung zu widmen und dafür bei Bedarf auch fachlich kompetente Hilfe in Anspruch zu nehmen. Du solltest mit Fieber also im Bett bleiben, Tee trinken, keinen Sport treiben und nichts Aufregendes unternehmen. Wenn es nach ein paar Tagen nicht besser wird, solltest du zum Arzt gehen und seinen Anweisungen folgen. All das gehört zu den Pflichten der Krankenrolle, denn nur dann kann die Krankheit gut ausheilen.

An Traumata sind immer die anderen schuld

Gerade wenn ich schlechte Gefühle auf traumatische oder anderweitig schwierige Erfahrungen in meiner Kindheit zurückführe, kann ich für die damit verbundenen negativen Gefühle und Verletzungen ausgezeichnet andere verantwortlich machen. Mir geht es so schlecht, weil meine Eltern immerzu gestritten und keine Wertschätzung für meine Bedürfnisse aufgebracht haben … Das bringt mich zwar langfristig im Leben erst mal nicht weiter, wenn ich nicht aktiv daran arbeite, dass es mir besser geht. Aber kurzfristig ist es doch ein gutes Gefühl, wenn die anderen schuld sind an dem, was nicht gut läuft. Denn dann bin ich nicht selbst in der Pflicht, die Verantwortung für mich zu übernehmen und womöglich auch meine eigenen bisherigen Herangehensweisen zu hinterfragen. Dank der hohen sozialen Verstärkung bei diesem Thema wird mir hier jeder zustimmen und mich darin unterstützen, andere Menschen für mein Leid verantwortlich zu machen. Dies rechtfertigt dann auch direkt, dass ich bestimmte unangenehme oder überfordernde Aufgaben nicht übernehmen kann, sondern geradezu an andere Personen abgeben muss.

In bester Gesellschaft

Manchmal habe ich den Eindruck, dass es fast schick geworden ist, ein psychisches Problem zu haben und sich damit zu outen. Prominente Schauspieler, Sportler und Sänger berichten über ihre Depressionen und Essstörungen. Es ist absolut wertvoll, dass sich auch Prominente dafür eingesetzt haben und einsetzen, Tabus rund um psychische Probleme zu brechen. Das steht außer Frage. Aber manchmal wird es einfach etwas zu viel. Selbst die schönste Schauspielerin will als Kind ein Mauerblümchen gewesen und von allen gemobbt worden sein. Ein bisschen Traumatisierung und psychische Verletzlichkeit scheint uns eine gewisse Tiefe zu geben, sie zeigt eine breite Lebenserfahrung und macht Menschen interessant. Und das alles, ohne dass ich mich dafür groß anstrengen oder irgendwelche Leistungen bringen muss! Ich bin also in bester Gesellschaft, wenn ich mich mit solchen Themen identifiziere, und im besten Fall fällt dadurch sogar ein bisschen Glamour für mich ab …

Ein bisschen Drama …

Viele Menschen genießen es, zwischendurch in Emotionen zu baden. Da ist ein bisschen Regression auch einfach schön und verlockend. Sich jemandem emotional in die Arme werfen, seinen Gefühlen freien Lauf lassen, sich nur auf sich selbst und die im Alltag eher weniger präsenten Emotionen zu konzentrieren – ich glaube, es ist einfach menschlich, das auch ein wenig zu genießen. Das kann sich ein bisschen so ähnlich anfühlen, wie in einer dunklen Therme im warmen Wasser zu floaten oder sich auf einer Hängematte sanft hin und her schaukeln zu lassen.

Insofern kann die Auseinandersetzung mit eigenen verletzlichen Emotionen, dem Kind in mir und meinen schwachen, bedürftigen Anteilen auch durchaus positive Seiten haben. Es ist jedoch unglaublich wichtig zu verstehen, dass das alles kurzfristige Vorteile wie Entlastung, Schonung etc. sind. Langfristig bringt es mich nur weiter, wenn ich selbst Verantwortung übernehme, Traumata überwinde und lerne, auch mit negativen Gefühlen umzugehen und mein Leben zu gestalten.

All diese Verstärkermechanismen funktionieren natürlich nur, weil sich hier alle (oder zumindest viele) einig sind. Ohne einen großen gesellschaftlichen Trend würde das nicht so funktionieren. Genau der hat sich in den letzten Jahren aber intensiv entwickelt. Die Beschäftigung mit der eigenen Verletzlichkeit und traumatischen Vergangenheit ist in den letzten Jahren absolut gesellschaftsfähig geworden. Stell dir vor, dein Opa hätte in den 50er-Jahren gesagt, er habe Angst vor Auftritten vor anderen Menschen und möchte deshalb eine andere Prüfungsleistung als ein Referat – heute ist so etwas üblich, aber damals hätte er bestenfalls hochgezogene Augenbraunen geerntet …

Das hat sich völlig geändert. In breiten Schichten der Gesellschaft ist es nicht nur in Ordnung, sich viel mit seinen negativen Gefühlen zu befassen und diese anderen anzuvertrauen, sondern sogar wünschenswert. Hier funktioniert das soziale Lernen so gut, dass es schon fast ins Gegenteil umgeschlagen ist: Wer sich selbst nicht dauernd durchleuchtet, sondern einfach sein Leben genießt, scheint manchmal schon fast suspekt und oberflächlich zu sein. Und umgekehrt: Menschen, die negative Gefühle und Leid ausdrücken, können damit rechnen, mit Samthandschuhen angefasst zu werden. Die dauernde Sensibilisierung auf das Thema führt dazu, dass sich viele Menschen im Zweifel auf jeden Fall lieber zurückhalten, als etwas zu äußern, was irgendwie kritisch verstanden werden könnte. Denn wer weiß – vielleicht richtet man mit einem Kommentar, den deine Oma klar als »gesunden Menschenverstand« eingeordnet hätte, etwas ganz Furchtbares an …

Ganz dicke Samthandschuhe

Während der Arbeit an diesem Buch spreche ich mit meiner Bekannten Z. über all diese Themen. Ihr fällt eine Bekannte ein, die von Problemen verfolgt scheint und sich immer ausführlich über irgendetwas beklagt. Das geht Z. massiv auf die Nerven. Aber keinesfalls würde sie das adressieren oder ihre Bekannte auffordern, doch mal einen anderen Fokus einzunehmen, denn »wer weiß, was das in ihr auslöst«. Die ganzen Triggerwarnungen unter Artikeln, in denen irgendwo Depressionen oder andere psychische Probleme erwähnt werden (»Wenn Sie selbst betroffen sind und dieser Artikel Sie belastet, wählen Sie im Zweifel den Notruf«), haben sie übervorsichtig werden lassen. Sie möchte auch nicht unempathisch erscheinen, so als würde sie die Probleme ihrer Bekannten nicht ernst nehmen. Ehe sie etwas sagt, zieht sie sich lieber zurück. Denn natürlich möchte sie nicht dafür verantwortlich sein, dass ihre Bekannte noch unglücklicher wird oder sich womöglich etwas antut … Diese Überlegung wäre einem vor zwanzig Jahren vermutlich absurd vorgekommen. Heute ist mir sofort klar, warum Z. so vorsichtig ist.

Diese Verunsicherung bezieht sich dabei nicht nur auf die Frage, wie man am besten mit anderen umgeht. Es kommt auch vor, dass Menschen mit psychischen Problemen ganz massiv zu Psychotherapie gedrängt werden, obwohl sie selbst vielleicht gute Gründe haben, darauf nicht (mehr) zu bauen. Der Druck der Umwelt kann einen dann trotzdem ganz schön ins Schleudern bringen.

Mehr hilft nicht immer mehr

Mein alter Freund F. leidet seit seiner Studentenzeit an Ängsten und Panikattacken. Er hat deshalb immer wieder Psychotherapie gemacht und hat seine Ängste mittlerweile mehr oder weniger im Griff. Dabei hat er leidvoll einsehen müssen, dass diese Ängste wohl einfach zu ihm gehören und ihn nie ganz in Frieden lassen werden. Nun hat ihn vor einem Jahr überraschend seine Frau verlassen, was ihn sehr mitgenommen hat. Natürlich sind auch seine Ängste wieder stärker geworden – er weiß aber gut, was er unternehmen muss, um damit zurechtzukommen und sich wieder zu fangen. Trotzdem geht es ihm natürlich nicht toll, er schläft öfter schlecht, und die Situation setzt ihm zu. Weitere Psychotherapie zieht er aber nicht in Erwägung – schließlich weiß er ohnehin, was er dort besprechen würde, das kann er auch selbst umsetzen. Einige Freunde raten ihm dennoch dringlich, dass er unbedingt wieder seine Therapeutin anrufen solle, weil es ihm doch so schlecht gehe. Er müsse die Trennung verarbeiten! F. hat eigentlich das Gefühl, dass er die Trennung schon recht gut verarbeitet, trotzdem verunsichern ihn diese Einlassungen sehr.

Zu hohe Ansprüche an Therapie und Coaching

Du hast es sicherlich schon gemerkt: Ich halte die Auseinandersetzungen mit den eigenen Mustern und ihrer Herkunft für absolut wichtig. Es ist eine große Leistung unserer Gesellschaft, sich diesen Fragen so intensiv zu widmen. Sie kann dich in vieler Hinsicht weiterbringen. Aber ich mache mir über heutige Tendenzen in diesem Bereich Sorgen: Ich fürchte, dass wir uns – zumindest in Teilen der Gesellschaft – zu einem überpsychologisierten Zustand hinbewegen, in dem wir gar nicht mehr richtig lebensfähig sind, weil wir dann Herausforderungen nicht mehr gut bewältigen können und nicht mehr genug Resilienz für ein gutes, gesundes Leben mit all seinen potenziellen Hürden und Schwierigkeiten haben.

Wenn wir uns schon davor fürchten, ein Buch aufzuschlagen, in dem es um Krankheit und Tod geht – wie sollen wir es dann schaffen, Krankheit und Tod in unserer Lebensrealität angemessen zu begegnen? Wenn ich mich schwertue, als Azubi oder Werkstudentin zur Arbeit zu gehen, weil ich mich von meinen Kollegen, die eigentlich ganz normale Anforderungen an mich stellen, so unter Druck gesetzt fühle, wie kann ich dann später Karriere machen? Oder wenn ich das Gefühl habe, ohne drei Stunden Me-Time zum Zweck der Selbstfürsorge pro Tag nicht mehr auszukommen – wie schlecht bin ich dann gewappnet für die Geburt meines ersten Kindes, das mir erst mal jahrelang keine ausgiebige Me-Time mehr erlauben wird? Und wenn sich alle Bewohner meines Stadtteils perfekt abgrenzen, dann gibt es keine ehrenamtlichen Helfer mehr, die das Feuerwehr- oder Stadtteilfest organisieren … All das kann das soziale Funktionieren und auch die Lebensqualität massiv beeinträchtigen.

Dabei steckt in diesem Trend prinzipiell ja sehr viel Hoffnung: Es wird angenommen, dass eine intensive Auseinandersetzung mit sich selbst ganz viele Schwierigkeiten im Leben lösen kann, von ungezügeltem Essverhalten über das Aufschieben von Aufgaben, die Wahl der falschen Partner bis hin zu Gefühlen von Einsamkeit oder Unverbundenheit – zur Psychotherapie, zum Coaching oder zu Selbsterfahrungsseminaren geht man ja genau mit dieser Idee, dass man seine Schwierigkeiten löst. Und in gewissem Maße stimmt das ja auch – aber eben nicht vollständig und nicht perfekt. Psychologische Unterstützung und Selbstreflexion können helfen, psychische Probleme und alte Muster zu überwinden oder besser damit klarzukommen. Aber erstens helfen solche Techniken nicht jedem, und zweitens hilft – knallhart gesagt – Psychotherapie oder Coaching nicht nur dadurch, dass man hingeht, Dinge reflektiert und viele Stunden über seine Themen spricht.

Psychotherapie hilft nicht jedem

Es gibt viele Studien zu Psychotherapie, die zeigen, dass gute, fachgerechte Psychotherapie Menschen ganz grundsätzlich helfen kann. Allerdings ermitteln solche Studien immer statistische Gruppenunterschiede – wenn zum Beispiel eine Gruppe von Patienten mit Depression psychotherapeutisch behandelt wird und eine vergleichbare Gruppe nicht, dann geht es im Mittel der behandelten Gruppe danach besser. Das bedeutet aber nicht, dass es jedem einzelnen Menschen, der eine Behandlung bekommen hat, besser geht. Etwa 40–50 Prozent der Patienten, die behandelt werden, zeigen eine relevante Verbesserung ihrer Symptome.[23] Die anderen zeigen keine Veränderung, oder es geht ihnen nach einer gewissen Zeit sogar etwas schlechter. Und übrigens geht es denen, die nicht behandelt werden, ebenfalls nicht allen weiterhin schlecht. Ein gewisser Anteil erholt sich auch wieder ohne eine Psychotherapie.

Das bedeutet: Es macht Sinn, Hoffnung auf Therapie zu setzen, aber es gibt keine Garantie, dass sie hilft – und das Befinden kann sich manchmal auch ohne Therapie wieder bessern. Ich spreche hier über Psychotherapie, weil es dazu viele Studien gibt – ich bin allerdings überzeugt, dass dies genauso gilt für andere Formen der Auseinandersetzung mit sich selbst, den eigenen Gefühlen und dem inneren Kind.

Reflexionsfrage

Kennst du Menschen, die schon einmal oder mehrfach Psychotherapie in Anspruch genommen haben? Aus deiner ganz persönlichen Perspektive, was ist dein Eindruck: Wie gut hat das geholfen? Der einen vielleicht sehr gut, dem anderen vermutlich weniger. Das wäre zumindest normal.

Und kennst du womöglich auch Menschen, die mehr als eine Psychotherapie besucht haben? Hast du den Eindruck, dass jede Therapie sie weitergebracht hat? Oder eher, dass das alles irgendwie doch nur ein bisschen was bringt und die dritte oder vierte Therapie nicht mehr viel draufsetzt? Es würde dem Stand der Forschung entsprechen, wenn eine oder zwei Therapien etwas bringen, aber die nachfolgenden nicht unbedingt einen Mehrwert haben.[24]

Baldige Therapiereaktion

Die gute Nachricht dabei ist: Wenn du zu denjenigen Menschen gehörst, denen Psychotherapie oder psychologische Unterstützung anderer Form hilft, dann merkst du das recht schnell. Viele Studien zeigen, dass eine sogenannte Therapieresponse – also ein Ansprechen auf oder eine Verbesserung der Symptome durch die Psychotherapie – oft relativ früh einsetzt. Oder umgekehrt: Je länger jemand Psychotherapie macht, und es geht ihm oder ihr nicht viel besser, umso wahrscheinlicher ist es, dass die Therapie einfach nichts bringen wird. Genauso gilt: Wenn eine oder mehrere Psychotherapien eine bestimmte (oder keine) Wirkung hatten, dann ist es unwahrscheinlich, dass durch weitere Angebote wie Psychotherapie oder Coaching noch viel mehr »herauszuholen« ist.

Ich stelle mir das so ähnlich vor wie mit dem Ausprobieren einer neuen Sportart oder eines Hobbys. Du musst es ein paarmal machen – nicht jahrelang und zigmal, aber mehr als einmal solltest du schon hingehen. Und dann merkst du, ob das »deins« ist oder nicht. Mit manchen Dingen kommt man leicht und schnell voran, bei anderen tritt man auf der Stelle und irgendwie zündet es nicht. Für mich war zum Beispiel Rudern so ein Ödniserleben, während ich mittlerweile richtig gerne Rennrad fahre. Ohne es auszuprobieren, hätte ich das nicht herausgefunden.

Exkurs: Welche Therapie hat Aussicht auf Erfolg?

Der Fokus liegt in diesem Buch nicht auf Psychotherapie, dennoch möchte ich kurz darauf eingehen, ob man vorhersagen kann, wer von einer Psychotherapie profitieren wird und wer vielleicht nicht.

Da gilt ganz klar: Im Einzelfall sicher vorhersagen lässt sich das nie. Wenn du den Eindruck hast, du hast behandlungsbedürftige Schwierigkeiten, und hast noch nie eine Psychotherapie gemacht, dann solltest du es auf jeden Fall ausprobieren. Und spätestens nach zehn Sitzungen kritisch prüfen, ob es dir spürbar etwas bringt – wenn nicht, dann kannst du auch wieder damit aufhören.

Es gibt durchaus Faktoren, die statistisch gesehen einen Einfluss auf die Ergebnisse einer Therapie haben – aufseiten der Patienten und seitens der Therapeutinnen. Bestimmte Therapeuten sind besser darin, ihren Patienten zu helfen, und umgekehrt können manche Menschen als Patienten von Therapie mehr mitnehmen als andere.

Auf Patientinnenseite wird es immer schwieriger, von Psychotherapie zu profitieren, je länger die Störung bereits besteht, je schwerer die Probleme ausgeprägt sind und je schlechter man insgesamt im Leben dasteht. Außerdem sind frühere erfolglose Therapien ein Hinweis darauf, dass auch weitere Therapien wenig bringen werden.

Faktoren für die Vorhersage von Psychotherapieerfolg

- **Schweregrad.** Menschen mit schwerer ausgeprägten Problemen haben in der Regel weniger von Psychotherapie. Eine leichte Depression oder Angststörung wird also eher durch Psychotherapie verschwinden als eine schwere.
- **Beginn der Störung.** Je früher die Probleme begonnen haben, desto ungünstiger. Wer bereits im Jugendalter mit psychischen Problemen gekämpft hat, wird später im Leben umso schlechter durch Therapie herauskommen.
- **Chronizität.** Logischerweise gilt dann auch: Je länger eine Problematik bereits andauert, desto schlechter ist sie für Veränderung durch Psychotherapie zugänglich.

- **Alter.** Das Alter hängt natürlich zusammen mit den bereits genannten Faktoren. Nicht verwunderlich: Mit höherem Alter sinkt der Therapieerfolg.
- **Geringe Ressourcen/geringer sozioökonomischer Status.** Wer insgesamt im Leben eher schlecht dasteht – zum Beispiel beruflich oder finanziell –, erfährt weniger Hilfe durch Psychotherapie. Kein Wunder, die Probleme sind hier leider oft breiter aufgestellt.
- **Frühere erfolglose Therapien.** Manchmal ist eine zweite Chance natürlich eine gute Idee – aber generell gilt: Wem bereits in der Vorgeschichte Psychotherapie nicht geholfen hat, der hat womöglich auch wenig von einer weiteren Therapie.
- **Schwierige interpersonelle Muster.** Menschen, die von anderen als kompliziert betrachtet werden – zum Beispiel feindselig, aggressiv, umständlich, jammerig –, machen oft auch in der Therapie wenig Fortschritte. Möglicherweise hat das damit zu tun, dass solche Muster auch ein psychotherapeutisches Gespräch nicht gerade günstig laufen lassen.

Auf Therapeutinnenseite gibt es ebenfalls Faktoren, die den Verlauf und das Ergebnis einer Psychotherapie vorhersagen. Wenn du das Gefühl hast, mit einer Therapeutin die gleichen Ziele zu verfolgen und eine gute Beziehung zu ihr zu haben, dann ist das günstig. Außerdem solltest du den Eindruck haben, dass du und die Therapeutin die gleiche Vorstellung von euren jeweiligen Aufgaben in der Therapie habt. Dazu gehören ein paar Fähigkeiten auf Therapeutenseite, die in der folgenden Infobox beschrieben sind.

Therapeutische Fertigkeiten, die den Therapieerfolg begünstigen[25]

- **Verbale Ausdrucksfähigkeit.** Das ist gegeben, wenn dein Therapeut entspannt kommuniziert und sicher wirkt. Hier geht es nicht darum, was gesagt wird, sondern wie es gesagt wird.
- **Hoffnung und positive Erwartungen.** Hast du den Eindruck, dass deine Therapeutin optimistisch ist, was deine Zukunft angeht, und dass dieser Optimismus auch konkret und gut begründet ist? Das kann dich anstecken und dir bei der Veränderung helfen.
- **Glaubwürdigkeit und Überzeugungsfähigkeit.** Damit ist gemeint, dass die Therapeutin ein nachvollziehbares und überzeugendes Konzept für die Probleme der Patientin anbietet und es so auch schafft, die Patientin von neuen Ideen oder einer neuen Perspektive zu überzeugen.
- **Emotionale Ausdrucksfähigkeit.** Damit ist gemeint, dass die Therapeutin emotional und engagiert kommuniziert. Das darf durchaus auch mal ein wenig provokativ sein – wichtig sind aber eine klar spürbare positive Haltung und Engagement für die Klientin.
- **Wärme, Akzeptanz und Verständnis.** Damit wird vermittelt, dass die Therapeutin sich sorgt, viel versteht und nicht verurteilt.
- **Empathie.** Das ist die Fähigkeit, der Patientin zu vermitteln, dass man ihre Erfahrungen und Sichtweisen akkurat versteht und nachvollziehen kann.
- **Bündnisfähigkeit.** Damit gelingt es der Therapeutin, eine kooperative Atmosphäre zu schaffen, in der gemeinsam an Problemen gearbeitet wird.

- **Aufgreifen von Spannungen und Krisen.** Wenn es Stress in der therapeutischen Beziehung gibt, ist die Therapeutin in der Lage, das gut anzusprechen und konstruktive Lösungen zu verfolgen.

In diesem Buch geht es ja eigentlich nicht in erster Linie um Psychotherapie. Ich mache diesen Exkurs aber, um zu verdeutlichen: Die Beschäftigung mit dem eigenen Inneren kann einen sehr viel weiterbringen – eine Garantie dafür gibt es aber nicht. Und wenn du den Eindruck hast, du hast durchaus einiges ausprobiert und vielleicht auch einige Schritte in eine gute Richtung gemacht, aber jetzt ist es irgendwie doch immer wieder dasselbe – dann liegst du damit wahrscheinlich richtig. Vielleicht kommt später im Leben ein Zeitpunkt, an dem sich neue Fragen auftun, mit denen du dich mit therapeutischer Hilfe beschäftigen magst. Oder die Situation ändert sich so, dass sich auch deine Motivationslage ändert. Aber jetzt ist es vielleicht eher an der Zeit, die Innenschau ruhen zu lassen und zu schauen, was du aus deinem Leben machen möchtest.

Was tun?

Es ging im ersten Teil darum, warum es gut und wichtig ist, sich selbst und die eigenen schwierigen Gefühle und Muster zu verstehen. Aber fast noch wichtiger ist mir hier, dass dir auch die Grenzen dessen bewusst werden.

Das Verstehen kann hilfreich und eine Entlastung sein. Vielleicht kannst du nun in Zukunft die Dinge anders und mehr entsprechend deiner Bedürfnisse angehen. Das ist das Ziel all dieser psychologischen Auseinandersetzungen! Genauso kann es aber sein, dass du zwar etwas verstehst, aber nicht viel in deinem Leben änderst. Oder du bist mit deinem Leben unzufrieden, aber findest einfach keine emotionale, biografische Ursache dafür.

All das ist in Ordnung, und du brauchst nicht zu befürchten, dass du deshalb in deinem Leben weniger erreichen kannst, als du dir wünschst! Denn es gibt so viel, was du tun kannst, um deine Vorstellung von einem guten Leben zu verwirklichen – mit oder ohne Ergründung deiner emotionalen Hintergründe und unabhängig davon, ob du das Kind in dir wichtig findest und eine Beziehung zu ihm hast oder nicht.

Dreh- und Angelpunkt ist dabei, die Verantwortung für dein Leben selbst zu übernehmen und nicht zu erwarten, dass andere sich kümmern oder dir alles in den Schoß fällt. Und wie das gehen kann – das eigene Leben gesund, spannend und reich zu leben und zu gestalten –, darum geht es in den nächsten Kapiteln, dazu will dich dieses Buch ermutigen!

TEIL 2

Wie kannst du dein Leben nach deinen Vorstellungen gestalten?

Vorwärts ins Leben starten

Wir haben uns jetzt viel mit der Auseinandersetzung mit psychologischen Themen beschäftigt, die in den vergangenen Jahren in unserer Gesellschaft an Bedeutung gewonnen haben. Wir haben besprochen, wie gut und wichtig es ist, dass psychische Probleme kein Tabu mehr sind. Die Beschäftigung mit negativen Gefühlen, geringem Selbstwert und den eigenen Mustern, die damit zusammenhängen, kann hilfreich sein, um Depressionen und Ängste zu verstehen und zu bekämpfen.

Allerdings haben wir auch festgestellt, dass aus der Psychologisierung manchmal auch ein Trend zur »Nabelschau« werden kann. Irgendwann wird die Auseinandersetzung mit den eigenen Gefühlen und Selbstwertproblemen auch zu viel. Denn negative Gefühle kennen wir alle, und jeder von uns fühlt sich manchmal unsicher, unterlegen, abgelehnt, traurig, nicht wertgeschätzt oder unfähig. »Ich bin mein größter Kritiker« ist so ein Satz, dem praktisch jeder zustimmt. Dafür braucht es kein Kindheitstrauma …

Davon abgesehen gibt es Phasen im Leben, die sich nicht gut anfühlen – zum Beispiel, wenn man einen wichtigen Menschen verloren, eine schwere Erkrankung diagnostiziert bekommen oder eine große Enttäuschung erlebt hat. Und zusätzlich haben Menschen auch einfach eine bestimmte Tendenz in ihrem Gefühlsleben – und wenn du etwa dazu neigst, dich öfters ängstlich oder traurig zu fühlen, dann kann das auch zumindest teilweise an deinen Genen liegen.

Das heißt nicht, dass das unbedingt gut ist – aber es ist einfach normal. Und daran ändert auch der tägliche Konsum von Psycho-Podcasts, Selbsthilfebüchern und Therapie oder Coaching erst mal nichts. Dieser kann im Gegenteil sogar dazu führen, dass man das eigene Leben vermeidet, statt es zu leben – denn schließlich muss man sich erst noch mit allem Möglichen auseinandersetzen und sich erst mal fragen, was das jetzt eigentlich »mit mir macht«, bevor man sich raus ins Leben wagt, um durchzustarten …

Deshalb plädiere ich sehr dafür, der Psychologisierung den Raum zu lassen, in dem sie nützlich ist, aber es mit ihr nicht zu übertreiben und vor allem keine Wunder zu erwarten, die sie nicht leisten kann. Ich kann einfach nicht alles »aufarbeiten« und dann erst anfangen zu leben. Ich werde mit dem ein oder anderen negativen Gefühl durchs Leben gehen müssen und das ist auch in Ordnung. Selbst wenn aus dem Umfeld der Druck kommt, »unbedingt genauer hinzuschauen«, in Therapie zu gehen oder dir einen Coach zu suchen, wenn du mal mit einer Situation kämpfst – du brauchst nicht für jedes Gefühl und jede Entscheidung im Leben professionelle Unterstützung!

Außerdem gerät über die ganze Psychologisierung manchmal ihr eigentlicher Sinn fast ein wenig in Vergessenheit: Sie dient ja eigentlich nicht nur dem Zweck, sich zu verstehen und die eigenen negativen Gefühle besser einzuordnen – sondern ultimativ dazu, glücklicher und zufriedener zu werden. Und dieses Ziel kann ich nur erreichen, indem ich Dinge angehe und verändere und mein Leben immer mehr so gestalte, dass es meinen Bedürfnissen und Werten entspricht und mich glücklich oder zufrieden macht.

Die Auseinandersetzung mit meiner Psyche hilft mir vielleicht dabei, meine Blockaden besser zu verstehen – überwinden muss ich sie aber trotzdem, um mir meinen Weg zu bahnen. Vielleicht verstehe ich, dass ich mir vieles nicht zutraue, weil ich aufgrund bestimmter Erfahrungen sehr unsicher bin; oder ich merke, dass ich mich schnell abgelehnt fühle, weil mich meine Geschwister immer ausgeschlossen haben. Ändern kann ich daran aber nur dann etwas, wenn ich diese Gefühle überwinde – und zum Beispiel trotz der Unsicherheit neue Hobbys ausprobiere oder mich trotz meiner Gefühle von Ablehnung an neue Beziehungen heranwage. Nur wenn ich solche Entwicklungen anstoße, bringt die Auseinandersetzung mit der Psyche ja überhaupt irgendetwas.

Und genau darüber möchte ich in diesem zweiten Teil des Buches mit dir sprechen: Wie kannst du dich aus alten negativen Gefühlen dadurch befreien, dass du selbstbestimmt dein Leben in die Hand nimmst und es mehr und mehr nach deinen Vorstellungen gestaltest? Wie kannst du dem Kind in dir zeigen, was dir heute als Erwachsenem guttut – und das dann auch machen?

Das kann manchmal ganz klar sein und vielleicht sogar irgendwie einfach – abgesehen von der Überwindung, die man aufbringen muss. Unter Umständen ist es aber auch komplizierter. Denn was ein gutes Leben ist, das war in früheren Zeiten ziemlich klar. Den Hof übernehmen, die Nachbarstochter heiraten, in der Kirche engagiert sein – viele Werte und Ziele waren von der Gesellschaft oder der Familie vorgegeben, der Sinn des Lebens war oft nicht allzu schwer zu finden. Institutionen wie die Familie, die Kirche oder die Dorfgemeinschaft gaben Halt und Orientierung. In vieler Hinsicht war das sicher eng, eingeschränkt und hat auch zu viel Leid geführt – aber es hatte auch diese positiven Seiten.

Die Situation ist heute ganz anders. Du kannst deine Lebenskonzepte, deine Werte, deine berufliche Karriere, dein Familienmodell aus ganz vielen Optionen selbst wählen. Du kannst dich ausprobieren und auch immer wieder neue Wege einschlagen. Noch in den 50er-Jahren des 20. Jahrhunderts war bei den meisten Menschen mit Mitte 20 klar, wo es sie im Leben hinführen würde. Zu diesem Zeitpunkt hatte man geheiratet, die Entscheidung für einen Beruf getroffen und womöglich schon ein Haus gebaut. Heute ist ein Mensch mit Mitte 20 mittendrin in der Phase des Erwachsenwerdens, des Ausprobierens und der Orientierung. Familiengründung und Hausbau stehen im Durchschnitt erst mit Mitte 30 an.

Wir haben also enorm viele Möglichkeiten. Gleichzeitig haben wir damit auch die Qual der Wahl. Und eine gewaltige Bandbreite an Modellen, die sich teilweise auch massiv widersprechen: Einerseits fordert der Zeitgeist zum Beispiel Body Positivity und Akzeptanz für jede Körperform – andererseits sind die klassischen unrealistischen Schönheitsideale über Social Media einflussreich wie nie zuvor. Einerseits gibt es einen riesigen Markt zur Selbstfindung und Selbstliebe nach dem Motto »Du bist okay so, wie du bist, egal wie« – andererseits scheint für viele die absolute Selbstoptimierung ein Muss, und dank der Sensoren in Brustgurt und der Sportuhr wird gnadenlos gemonitort, wie das Glas Rotwein gestern Abend meinen Trainingszustand heute ruiniert. Da seinen Weg zu finden, ist also gar nicht so leicht, und zwar nicht nur, weil ich in meiner Biografie vielleicht die ein oder andere schwierige Erfahrung gemacht habe.

In diesem zweiten Teil soll es darum gehen, wie dir das gelingen kann. Wie kannst du – jenseits der Psychologie – das Leben finden und für dich entwickeln, das für dich gut ist? Gibt es da Grundelemente, die eigentlich jeder braucht? Was ist dein individueller Anteil? Welche Schritte, welche Aktivitäten, welche Werte passen zu dir? Und wie kannst du deinen Weg finden zu einem Leben, so wie du es haben möchtest – und auch auf ihm bleiben, wenn mal etwas nicht so gut läuft?

Basics: Kraftquellen für dein Leben

Gibt es so etwas wie Grundzutaten für ein gelungenes, gesundes, zufriedenes Leben? Darum soll es in diesem Kapitel gehen. Spontan würde man vielleicht sagen: »Das sieht doch für jeden anders aus!« Die eine geht auf in ihrer Rolle als Mutter und mit der Gartenarbeit, die andere würde das total langweilen, die jettet lieber durch die Welt. Und das stimmt natürlich auch. Aber für beide würde sicherlich gelten: Sie können das, was ihnen wichtig ist, besser ausleben, wenn zwei Voraussetzungen erfüllt sind: Sie müssen körperlich einigermaßen gesund und psychisch weitgehend stabil sein.

Und natürlich sind körperliche Gesundheit und psychische Stabilität ein extrem weites Feld. Selbst bei bester Lebensführung können dich furchtbare Krankheiten ereilen, ohne dass du irgendetwas dafürkannst. Viele Erkrankungen haben eine genetische Komponente, und diese Gene hast du, oder du hast sie nicht. Und auch wenn du täglich meditierst und alles für ein gesundes Leben tust, kann dich eine psychische Erkrankung immer wieder fertigmachen.

Aber: Ein riesiger Teil der »Krankheitslast«, die auf unserer Gesellschaft liegt, hat auch einiges mit ungesundem Verhalten und Lebensstil zu tun. Ob sich eine Erkrankung ausbildet oder nicht, oder wie schwer sie werden kann, wird dadurch in vielen Fällen stark beeinflusst. Das bedeutet, dass du selbst viel für deine Gesundheit tun kannst.

Bedeutung der Lebensführung bei häufigen chronischen Erkrankungen

- **Diabetes:** Geschätzte 5–6 Millionen Menschen leiden in Deutschland an Diabetes mellitus – davon über 90 Prozent am sogenannten Typ 2, der ganz viel mit dem Lebensstil zu tun hat. Ein unbehandelter oder schlecht behandelter Diabetes kann zu schwersten Folgeerkrankungen wie Herzinfarkten, Sehproblemen oder sogar abgestorbenen Gliedmaßen führen. Gleichzeitig spricht ein Diabetes aber auch extrem gut auf Maßnahmen wie gesündere Ernährung, viel Bewegung und eine Reduktion des meistens ausschlaggebenden Übergewichts an.
- **Bluthochdruck:** Von zu hohem Blutdruck sind geschätzt ein Viertel bis ein Drittel aller Erwachsenen in Deutschland betroffen. Er kommt oft in Kombination mit Diabetes und anderen Problemen einher, die mit dem Stoffwechsel und der Blutversorgung zu tun haben. Hier ist nicht der Ort, dies im Detail durchzugehen. Nur so viel: Wie beim Diabetes kann zu hoher Blutdruck massive Folgen haben, als Erstes werden hier in der Regel Herzinfarkte und Schlaganfälle genannt. Und gegen zu hohen Blutdruck kannst du praktisch mit den gleichen Maßnahmen etwas unternehmen wie gegen zu hohen Blutzucker – genauso effizient wie mit vielen Medikamenten!
- **Rückenschmerzen:** Die Mehrheit aller Menschen in Deutschland hat zumindest phasenweise Rückenschmerzen. »Rücken« führt zu ganz viel Arbeitsunfähigkeit, Frühverrentungen und Operationen, die meistens unnötig sind (siehe Infobox *Rückenoperationen*, Seite 55). Dabei ist auch bei Rückenschmerzen ganz klar, dass sie sich durch

regelmäßige Bewegung, Entspannung und Ablenkung am besten bekämpfen lassen.

- **Brustkrebs:** Brustkrebs ist die häufigste Krebserkrankung bei Frauen, eine von acht Frauen erkrankt im Laufe ihres Lebens daran. Hier sind natürlich viele Faktoren beteiligt, und in einigen Fällen ist die genetische Komponente extrem hoch. Dennoch spielen Faktoren des Lebensstils auch für die Entstehung von Brustkrebs eine Rolle – so steigt das Risiko deutlich, wenn man sich wenig bewegt, übergewichtig ist, raucht oder viel Alkohol trinkt.
- **Migräne:** Auch für die Migräne gibt es eine genetische Veranlagung – wenn in deiner Familie viele Menschen Migräne haben, hast du ebenfalls ein erhöhtes Risiko dafür. Aber auch hier spielen wiederum Faktoren des Lebensstils eine große Rolle dafür, wie häufig und wie schlimm Migräneanfälle auftreten. Rauchen etwa verschlechtert die Situation massiv, während regelmäßiger moderater Ausdauersport dazu führt, dass Anfälle seltener und schwächer auftreten.
- **Psoriasis:** Die Schuppenflechte ist als chronische Autoimmunerkrankung ebenfalls eine Krankheit mit einer starken genetischen Komponente – wenn du darunter leidest, wird es niemals eine echte Heilung geben. Und trotzdem gibt es in vielen Fällen eine Menge Möglichkeiten, den Verlauf der Schübe massiv zu beeinflussen. Auch hier spielt das Rauchen etwa wieder eine große Rolle, gefolgt vom Alkohol. Beides kann nicht nur zu schwereren Schüben führen (bzw. Abstinenz von Tabak und Alkohol kann Schübe verringern), sondern vermutlich sprechen auch Medikamente schlechter an, wenn man gleichzeitig raucht.

Vielleicht wunderst du dich, dass ich als Erstes mit lauter körperlichen Erkrankungen ankomme. Doch die Verknüpfung von Körper und Seele ist ja evident. Du kennst es selbst garantiert auch: Wenn du dich körperlich schlecht fühlst, und sei es »nur« wegen eines Heuschnupfens, geht auch die Stimmung schnell den Bach runter. Bist du hingegen psychisch fit und munter, fällt es dir natürlich auch leichter, all die Dinge zu tun, die für die körperliche Gesundheit so wichtig sind, z. B. gesund zu kochen und dich viel zu bewegen.

Entsprechend häufig haben Menschen mit diesen körperlichen Beschwerden auch psychische Beschwerden. Wenn man sich anschaut, wer alles an einer Depression leidet, dann sind Menschen mit körperlichen Erkrankungen davon praktisch immer stärker betroffen als körperlich gesunde Personen! So haben Menschen mit Diabetes etwa doppelt so häufig Depressionen wie der Bevölkerungsdurchschnitt, das Gleiche gilt für Menschen mit Übergewicht.

Auch zwischen Depressionen und Migräne und anderen Schmerzerkrankungen zeigen sich hohe Überlappungen. Dabei kann die Entwicklung hier in beide Richtungen gehen: Menschen mit langjährigen Schmerzerkrankungen entwickeln häufiger Depressionen als Menschen ohne Schmerzen; und umgekehrt entwickeln Menschen mit Depressionen häufiger auch Schmerzstörungen als Menschen ohne Depressionen.

Woher kommen diese Zusammenhänge? Ich denke, man kann das leicht verstehen, wenn man sich einfühlt: Bin ich körperlich geschlaucht oder tun mir wegen meines Übergewichtes alle Gelenke weh, und ich kann deswegen viel weniger machen, als ich eigentlich möchte, dann schlägt mir das auf die Psyche. Kürzlich habe ich einen alten Bekannten wiedergetroffen, der früher sehr übergewichtig war und viel geraucht und getrunken hat. Er hatte 50 kg abgenommen und auch mit Rauchen und Trinken aufgehört – ich habe ihn fast nicht mehr erkannt. Er sagte zu mir: »Ich bin ein neuer Mensch. Ich kann jetzt in den Bergen wandern und in der Freizeit all das machen, was ich schon immer tun wollte, ich fühle mich wie neugeboren.«

Allerdings gibt es auch biologische Prozesse, die den Zusammenhang zwischen Lebensstil, körperlicher Gesundheit und psychischem Befinden stark beeinflussen. Zum einen sind einige *Gehirnareale* sowohl bei der Verarbeitung von Schmerzen als auch bei der Verarbeitung von negativen Gefühlen beteiligt. Möglicherweise sind sie mitverantwortlich für den Zusammenhang von Schmerzen und Depression.

Zum anderen wird in den letzten Jahren immer deutlicher, dass *chronische Entzündungsprozesse* im Körper eine extrem wichtige Rolle bei vielen Erkrankungen und Beschwerden spielen. Spannenderweise spielt erhöhte chronische Entzündung etwa für die Entstehung und den Verlauf von Autoimmunerkrankungen wie Psoriasis oder Rheuma oder auch für Krebs eine Rolle. Chronische Entzündungen werden gefördert etwa durch zu viel Bauchfett, das gefährliche Entzündungsbotenstoffe bildet, durch Rauchen oder durch zuckerreiche Ernährung. Und eine chronische Entzündung lässt sich positiv beeinflussen, wenn man sich viel bewegt oder besser schläft. Ein »entzündungshemmender« Lebensstil wird mittlerweile an vielen Fronten als wichtiger Beitrag für die eigene Gesundheit propagiert. Und bei den meisten Basics für ein gesundes, zufriedenes Leben, die wir jetzt durchgehen, spielt möglicherweise die chronische Entzündung auch ihre Rolle.

Chronische Entzündungen

Entzündungsreaktionen sind an sich normale und wichtige Reaktionen des Immunsystems auf Verletzungen oder Infektionen. Wenn das Immunsystem aber aus dem Gleichgewicht gerät, können Entzündungen andauern und chronisch werden.

Dann dienen sie nicht mehr der Bekämpfung von Fremdkörpern wie Bakterien oder Viren, sondern richten sich gegen den eigenen Körper. Chronische Entzündungen können dabei in verschiedenen Geweben und Organen im Körper auftreten. Beispiele für Erkrankungen, die durch chronische Entzündungen zumindest mitverursacht werden, sind:

- **Rheumatoide Arthritis (Rheuma).** Eine Autoimmunerkrankung, bei der das Immunsystem die eigenen Gelenke angreift, was zu Schmerzen, Schwellungen und Steifheit führt.
- **Morbus Crohn und Colitis ulcerosa.** Entzündliche Darmerkrankungen, die Symptome wie Bauchschmerzen, Durchfall und Gewichtsverlust verursachen.
- **Herz-Kreislauf-Erkrankungen.** Chronische Entzündungen können die Entwicklung von Plaques in den Arterien fördern und zu Arteriosklerose führen. Das erhöht das Risiko von Herzinfarkten und Schlaganfällen.
- **Diabetes.** Chronische Entzündungen können die Insulinresistenz verschlimmern und die Funktion der Bauchspeicheldrüse beeinträchtigen.

Chronische Entzündungen können verschiedene Ursachen haben, neben genetischer Veranlagung auch Umweltbelastungen, Infektionen, Rauchen, ungesunde Ernährung und Bewegungsmangel. Entsprechend lässt sich eine chronische Entzündung reduzieren durch Lebensstiländerung. Dessen ungeachtet müssen natürlich Krankheiten, die sich womöglich schon ausgebildet haben, ebenfalls gezielt medizinisch behandelt werden.

Natürlich hat deine Biografie, deine Kindheit, dein soziales Umfeld einen großen Einfluss darauf, wie du dich ernährst und wie viel du dich bewegst. Es ist wichtig anzuerkennen, dass sich die meisten Menschen einen ungünstigen Lebensstil nicht selbst aussuchen, sondern irgendwie hineingeraten. Natürlich ist es viel leichter, regelmäßigen Sport zu machen, wenn du als Kind zum Fußball oder in den Sportverein durftest, deine Eltern dir das vorgelebt und dich motiviert haben, am Abend gemeinsam gekocht wurde und es im Urlaub zum Wandern ging. Und wenn daheim leider eher Sofa, Serien und Süßigkeiten angesagt waren, hast du das natürlich genauso gelernt und dir das abgeschaut.

Sobald du allerdings anerkannt hast, dass es so ist, wie es ist, geht es darum, die Gewohnheiten zu ändern, die ungesund sind, und neue, gesunde Gewohnheiten aufzubauen. Und dazu brauchst du vor allem Motivation und Durchhaltevermögen, und nicht unbedingt immer eine Psychologin … In den nächsten Abschnitten geht es deshalb darum, welche »Basics« hilfreich und wichtig für ein gesundes Leben sind und wie du es schaffen kannst, sie besser in deinem Leben umzusetzen. Dabei erzählen Johanna und ich auch ein bisschen davon, wo es bei uns öfter hakt und welche Tricks wir selbst besonders hilfreich finden.

Die »Basics« sind aufgeteilt in zwei verschiedene Kategorien. Bei den »Verhaltens-Basics« geht es darum, was du tun (oder lassen) kannst, um gesünder zu leben und viel Energie für deine Ziele zu haben. Es geht um dein konkretes Handeln und Verhalten. Bei den »Haltungs-Basics« geht es darum, welche Haltung du zum Leben und seinen Herausforderungen hast, mit welchem Mindset du Dinge angehst und wie du reagierst, wenn es mal schwieriger wird.

Verhaltens-Basics

Meine »Verhaltens-Basics« könnte man auch einfach als gesunde Gewohnheiten im Alltag bezeichnen. »Verhalten« nenne ich sie deshalb, weil es hier darum geht, etwas zu machen oder nicht zu machen – zum Beispiel, dich viel zu bewegen oder nicht zu rauchen. Wenn du es schaffst, diese Punkte so einigermaßen umzusetzen, hast du schon eine gute Grundlage dafür gelegt, dass es dir körperlich und psychisch ziemlich gut gehen kann. Umgekehrt: Wenn du hier Luft nach oben hast, dann können Veränderungen dir deutlich weiterhelfen. Möglicherweise mehr, als wenn du weiter darüber sinnierst, was in deiner Kindheit falsch gelaufen ist und warum du bisher nicht genug Disziplin hattest, dir ein gesünderes Leben anzugewöhnen …

Vermutlich hast du das meiste vom Prinzip her schon gehört. Vielleicht setzt du vieles davon bereits um, das wäre natürlich super. Vielleicht hast du dir auch das ein oder andere einmal zu Neujahr vorgenommen, und dann ist es doch wieder im Sande verlaufen … Dann hoffe ich, dass unsere Vorschläge und Ideen dir helfen, den Faden wieder aufzunehmen und es jetzt besser hinzubekommen. Denn das sind einfach genau die Punkte, die wesentlich zum Wohlbefinden beitragen!

Nicht rauchen

Lass uns mit dem Rauchen starten. Denn Rauchen ist so ziemlich das Ungesündeste, was man sich antun kann. Wenn du nicht rauchst, kannst du drei Kreuze schlagen und zum nächsten Punkt weiterblättern! Langjähriges regelmäßiges Rauchen kostet Menschen um die acht Lebensjahre, weil es sich vielfältig negativ auswirkt: Rauchen fördert diverse Krebsarten, schädigt die Lunge und das Herz-Kreislauf-System. Die Folgen sind höhere Wahrscheinlichkeiten für chronische Lungen- und Herz-Kreislauf-Erkrankungen wie COPD, Herzinfarkte oder Schlaganfälle. Zudem verschlechtert Rauchen bei vielen Erkrankungen – zum Beispiel Rheuma oder Psoriasis – die Wirkung von Medikamenten und hat so einen negativen Einfluss auf die Gesundheit. Last, but not least ist Rauchen auch für das soziale Umfeld oft eine große Belastung – viele nervt es, und Passivrauchen, also das Einatmen des Rauches der anderen, ist auch ein erheblicher gesundheitlicher Nachteil.

Wenn du also nicht rauchst, dann solltest du einfach auch niemals damit anfangen. Falls du rauchst, will ich dir hier keinesfalls Vorwürfe machen, denn Rauchen ist leider eine extrem hartnäckige Suchterkrankung, aus der man sich nicht mal eben so befreien kann. Dabei ist das Perfide daran, dass gar nicht der eigentliche Suchtstoff – nämlich das Nikotin – all diese Gesundheitsschäden verursacht, sondern vielmehr der Tabakrauch, mit dem das alles eingeatmet wird. Als Raucher stirbt man also gar nicht an seiner Sucht, sondern an dem Gift im Rauch. Und auch hier spielen chronische Entzündungen vermutlich eine große Rolle. Bei Rauchern sind verschiedene Entzündungswerte erhöht, was vermutlich diverse Ursachen hat – zum Beispiel setzt Tabakrauch proinflammatorische Enzyme frei, die Entzündungsreaktionen fördern; er enthält freie Radikale, die die Zellen schädigen und zu hohem »oxidativem Stress« führen; er schädigt die Endothelzellen an der Innenseite der Blutgefäße und fördert so Atherosklerose und beeinträchtigt generell die normale Funktion der Immunzellen.

Falls du rauchst und darüber nachdenkst aufzuhören, möchte ich dir hier nur ein paar Hinweise mitgeben – wenn du das beachtest, steigt die Chance enorm, dass es klappen kann mit dem Rauchstopp.

Erfolgreich rauchfrei

- Vor einem Rauchstopp solltest du beobachten und analysieren, in welchen Alltagssituationen Zigaretten für dich besonders wichtig sind – zum Beispiel morgens die erste zum Kaffee, nach dem Sex oder in der Pause mit Kollegen. Für solche Situationen brauchst du alternative Rituale, um auf die Zigarette verzichten zu können – zum Beispiel Kaffee mit Milch statt schwarz oder in der Pause einen Spaziergang mit Nichtraucher-Kollegen. Das kann dir helfen, den automatischen Griff zur Zigarette zu unterbrechen. Gute Vorbereitung ist hier superwichtig!

- Anderen dein Vorhaben mitteilen. Teile deinem Umfeld mit, dass du aufhören möchtest zu rauchen. Bitte um Unterstützung, zum Beispiel, indem man dir keine Zigarette mehr anbietet. Dadurch erhältst du zum einen Hilfe durch andere Menschen. Außerdem fällt es dir schwerer, doch wieder von deinem Vorhaben abzurücken, wenn du weißt, dass dies auch andere mitbekommen.
- Die Idee, allmählich aufzuhören, bis man bei null Zigaretten angekommen ist, kann biologisch gesehen leider nicht funktionieren. Bei ca. 6–7 Zigaretten am Tag wird die Sucht aufrechterhalten, und darunter kommt man nicht ohne dauernde Entzugssymptome. Deshalb kommst du nicht drum herum, einfach komplett aufzuhören.
- Nikotinersatzprodukte wie Nikotinpflaster, -kaugummis oder -bonbons helfen nachweislich extrem gut beim Rauchstopp, weil sie die Entzugssymptome reduzieren. Du musst dann trotzdem noch all die Gewohnheiten, mit denen du dir durch das Rauchen den Alltag leichter gemacht hast, neu gestalten und lernen, mit Stress anders umzugehen! Deshalb wäre es falsches Heldentum, auf Nikotinersatzprodukte zu verzichten, so nach dem Motto: »Dann bin ich ja trotzdem noch süchtig.« Die kannst du immer noch allmählich ausschleichen, wenn du eine Weile rauchfrei bist.
- Rückfälle sind normal, und du solltest darauf vorbereitet sein, dass sie passieren. Das Schlimmste ist nicht der Rückfall an sich, sondern wenn du danach kapitulierst und wie-

der in deine ganzen alten Gewohnheiten rutschst. Deshalb ist es wichtig, Rückfälle zu analysieren und sich direkt wieder auf den Weg zu machen.

Johanna und ich haben beide nie regelmäßig geraucht, deshalb können wir hier nicht von unseren eigenen Erfahrungen berichten. Aber ein alter Freund sagt dazu: »Du musst dir einfach klarmachen, dass *alles* besser wird, wenn du aufhörst. Schon ein Apfel schmeckt nach ein paar Tagen, in denen die Geschmacksnerven nicht mehr vom Tabak vergewaltigt werden, ganz anders! Außerdem würde es mich heute nicht mehr geben oder ich würde im Rollstuhl sitzen, wenn ich nicht vor dreißig Jahren aufgehört hätte, Kette zu rauchen. Klar ist es schwer, aber es lohnt sich total. Wenn du wieder rückfällig wirst, machst du einen neuen Anlauf. Es gibt außerdem echt gute Tipps, zum Beispiel in dem Buch *Endlich Nichtraucher*[26].« Von diesem Buch schwärmen übrigens viele, dass es ihr Leben verändert hätte!

Wenig Alkohol

Auch Alkohol ist schädlich für die Gesundheit – je mehr man trinkt, desto schädlicher. Kleine Mengen unter 20 g pro Tag (das entspricht einem kleinen Glas Wein oder Bier) sind wohl einigermaßen unkritisch – darüber hinaus wird es aber ungesund. Zu viel Alkohol führt kurzfristig zu schlechtem Schlaf, einem Kater mit entsprechenden Funktionseinbußen am nächsten Tag und zu Problemen mit all den Dingen, die man im Rausch leider anstellt – Verkehrsunfälle bauen, Streitigkeiten anfangen etc. Langfristig schädigt Alkohol alle Organe, vor allem die Leber, das Herz und das Gehirn. Das vergrößert die Gefahr für Erkrankungen dieser Organe, außerdem erhöht Alkohol die Wahrscheinlichkeit für viele Krebsarten. Zudem kann ein regelmäßiger und hoher Alkoholkonsum nicht nur zu einer Abhängigkeit führen; er verstärkt auch das Risiko für Depressionen oder demenzielle Erkrankungen wie Alzheimer.

Auf eine weitere, unauffällige Art kann dich Alkohol an einem erfüllten Leben hindern: Dadurch, dass er deine Ängste und Sorgen betäubt, gibt er dir jederzeit die Möglichkeit, sozusagen auf Knopfdruck abzuschalten und zu entspannen. Deinen Stress auf der Arbeit, die ungelösten Konflikte mit anderen Personen oder die ersten psychischen und physischen Warnzeichen deines Organismus nimmst du nicht mehr wahr. Anstatt die Herausforderungen anzugehen und zu lösen, genießt du deinen entspannten Feierabend dadurch aber leider nur »auf Pump«. Die Keule der Realität wird dich früher oder später treffen.

Auch Alkohol fördert Entzündungen im Körper auf diversen Wegen. So erhöht Trinken zum Beispiel das CRP, einen allgemeinen Entzündungsmarker. Alkohol schädigt über entzündliche Prozesse die Magenschleimhaut und kann zu Entzündungen verschiedener Organe wie der Bauchspeicheldrüse führen, die langfristig auch in Krebserkrankungen resultieren können. Keinen oder wenig Alkohol zu konsumieren, ist also definitiv eine gute Entscheidung und ein wichtiger Grundpfeiler für eine gute Allgemeingesundheit.

Tipps für weniger Alkohol im Alltag

- Wenn du dazu neigst, eher mal ein Glas zu viel zu trinken, gib dir ein paar Regeln, an die du dich nach Möglichkeit auch hältst: mindestens zwei Tage in der Woche nicht trinken; nicht allein trinken; kein Alkohol tagsüber oder vor einer bestimmten Uhrzeit.
- Alkohol dient oft dem Runterfahren und der Entspannung. Überleg dir, was du stattdessen für deine Entspannung tun kannst. Als Genussmittel kommt vielleicht abends auch mal

ein schöner Tee infrage, auch wenn das fraglos etwas spartanischer ist als ein schöner Rotwein ... Aber wie wäre es vielleicht einmal mit einer Wärmeflasche, einem Besuch in der Sauna oder einem guten, eher erheiternden Buch?

- **Stimuluskontrolle** ist eine ganz wichtige Technik im Umgang mit Alkohol (und Süßigkeiten und anderen Konsumlastern). Das bedeutet ganz schlicht, keinen Alkohol griffbereit stehen zu haben, wenn man grade Lust drauf hat. Wenn du erst noch den Weg in den Keller oder gar in einen Supermarkt antreten müsstest, überlegst du dir vielleicht doch noch, ob du das Glas Wein jetzt wirklich trinken solltest. Die angebrochene Flasche im Kühlschrank ist dagegen schneller gegriffen, als das Frontalhirn »stopp!« sagen kann.

Ist dir schon einmal aufgefallen, dass das Bedürfnis nach Alkohol (Craving) genauso wie nach anderen Sachen manchmal ganz stark kommen kann, aber meist auch rasch wieder vergeht? Das hat mit der Funktion des Lust- und Genusszentrums in deinem Gehirn zu tun. Das ist dafür zuständig, dass du Genuss versprechende Handlungen, die übrigens oft auch – wie bei Sex oder Essen – überlebenswichtig sind, möglichst immer allen anderen vorziehst. Deshalb produziert es sofort ein unheimliches Verlangen nach einem Aperol, wenn du an einer Bar vorbeigehst, oder nach gebrannten Mandeln, wenn dir deren Duft in die Nase steigt. Allerdings fährt es diese Lust auch schnell wieder herunter, sobald die Gelegenheit vorbei ist – es macht ja keinen Sinn, die ganze Zeit über die Mandeln nachzudenken, wenn der Moment verstrichen ist. Das kannst du nutzen, um das Craving zu »surfen«, zum Beispiel mit der Vorstellungsübung in der folgenden Box. Die kannst du immer anwenden, wenn du merkst, dass eine Welle von Lust auf Alkohol anflutet.

Surf die Craving-Welle

Stell dir vor, das Bedürfnis nach Alkohol ist eine Welle, die auf dich zurollt. Sie könnte dich unter sich begraben und durch die Gegend wirbeln, sodass du die Kontrolle verlierst – du kannst sie aber auch surfen! Dazu stell dir vor, wie die Welle kommt, während du auf deinem Surfbrett bereitliegst … du paddelst an, stellst dich auf dein Surfbrett und reitest die Welle herunter, bis sie an Kraft verliert und am Strand ausrollt … so schnell, wie es gekommen ist, ist das Verlangen auch wieder verschwunden.

Ich liebe übrigens Alkohol in jeder Form – leider. Und habe verschiedene Tricks, meinen Konsum im Griff zu behalten. Am leichtesten fällt es mir, wenn ich mir klarmache, wie viele Kalorien das Zeug hat – da bringt der Verzicht auf Alkohol schon ziemlich viel, um das ein oder andere überflüssige Pfund wieder loszuwerden. Außerdem versuche ich, meinem strikten Vorsatz, nicht allein zu trinken, treu zu bleiben – allerdings ist es manchmal einfach sooo entspannt und gemütlich, sich zum Feierabend was zu kochen und dazu ein Weinchen zu trinken, vor allem wenn noch eine offene Flasche im Kühlschrank steht … da halte ich nicht immer durch.

Gemeinsame Abstinenz, früher in der Fastenzeit, heute eher im »Dry January«, finde ich super. Da machen immer ein paar Leutchen mit, man spricht drüber, verpflichtet sich dadurch, und hält es dann auch besser durch. In dieser Zeit merkt man, wie fein es sich anfühlt, nichts zu trinken, und wird so sehr belohnt. Außerdem stellt man fest, dass man gut drauf verzichten kann und der Drang danach relativ schnell viel weniger wird – auch prima. Und last, but not least hält es meistens auch ein Weilchen an – auch wenn der Dry January vorbei ist, dauerts immer noch ein paar Wochen, bis die alten Laster womöglich wieder eingefahren sind.

Auch Johanna ist einem guten Gläschen nicht abgeneigt. Da ihr seit ihrer Jugend bewusst ist, wie schädlich die Auswirkungen einer Suchterkrankung sind, hat sie sich die folgende Regel gesetzt: Sie erlaubt sich ausschließlich dann Alkohol, wenn sie keinen Jieper[27] danach verspürt. Sobald sie merkt, dass sie sich schon auf das Wochenende (die nächste Feier, den nächsten Feierabend …) freut, weil sie sich da endlich wieder ein Glas Wein genehmigen kann, gehen bei ihr die Alarmlämpchen an. Sie erlaubt sich dann so lange keinen Alkohol, bis sie merkt, dass sie sich zwar auf das nächste Bier freut, dabei aber keinen Jieper mehr verspürt. Das funktioniert für sie übrigens genauso gut beim Rauchen – seit inzwischen über fünfzehn Jahren genießt sie eine Zigarette dann und wann, ohne jemals abhängig geworden zu sein.

Disziplin lohnt sich bei diesem Thema also auch schon bevor Probleme auftreten und zahlt sich durch maximierten Lebensgenuss ohne Abhängigkeit aus.

Gesunde Ernährung

Das Thema »gesunde Ernährung« ist ein riesiges, weites Feld. Trotz – oder vielleicht gerade auch wegen – unfassbar vieler Studien zum Thema gibt es immer wieder neue Trends, Moden, Erkenntnisse und Diäthypes. Klar ist, dass gesunde Ernährung für Gesundheit wichtig ist und dass es aber nicht *das* eine Lebensmittel (Kurkuma, Ingwer, Rote Bete …) gibt, mit dem man sich vor allem Übel schützen kann. Eine sehr genaue Aufarbeitung des aktuellen Wissensstandes ist Bas Kast mit seinem *Ernährungskompass*[28] gelungen – wenn du dich vertieft damit beschäftigen möchtest, ist das sicherlich eine gute Quelle. Kürzere Anleitungen liefern die Empfehlungen der WHO oder der Deutschen Gesellschaft für

Ernährung. Wenn du es eher medizinisch fundiert magst, kannst du die Empfehlungen zur DASH-Diät (Dietary Approach to Stop Hypertension) online recherchieren, die stark mit der sogenannten Mittelmeerdiät übereinstimmen; beide sind dafür berühmt, dass sie das Risiko für Herzkrankheiten verringern.

Wenn man sich die verschiedenen Empfehlungen und Ernährungsregeln anschaut, kommt man immer wieder auf dieselben Punkte, siehe folgende Infobox. Interessanterweise findet sich hier auch wieder eine intensive Beziehung zum Thema »chronische Entzündung«. Denn die Lebensmittel, die man vermeiden soll – vor allem rotes Fleisch und hochverarbeitete Lebensmittel mit vielen Transfetten, Salz und Zucker –, fördern allesamt Entzündungsprozesse im Körper. So erhöhen Transfette z. B. (neben etlichen anderen ungünstigen Wirkungen) den LDL-Cholesterinspiegel (»schlechtes« Cholesterin) und senken den HDL-Cholesterinspiegel (»gutes« Cholesterin). Ein erhöhter LDL-Cholesterinspiegel kann zu Entzündungen in den Blutgefäßen beitragen und das Risiko für Atherosklerose erhöhen.

Umgekehrt sind viele Pflanzenstoffe und insbesondere Ballaststoffe dafür berühmt, chronische Entzündungen einzudämmen. So senken Ballaststoffe z. B. durch die Verlangsamung der Verdauung den Blutzuckerspiegel und helfen beispielsweise beim Aufbau eines gesunden Darmmikrobioms mit Darmbakterien, die entzündungshemmende Fettsäuren produzieren und den Darm schützen.

Regeln für gesunde Ernährung, die du in allen Empfehlungen findest

- Du solltest dich überwiegend pflanzlich ernähren, mit viel Gemüse, Hülsenfrüchten, Linsen und nicht ganz so viel Obst. Denn Gemüse enthält unfassbar viele wichtige Nährstoffe, gesunde Proteine und viele Ballaststoffe. Dabei ist Vielfalt wichtig, das eine Superfood gibt es nicht.

- Vollkorn ist besser als Weißmehl, zum Beispiel bei Brot, Nudeln und Reis. Denn die komplexen Kohlenhydrate halten länger satt und pushen den Blutzucker nicht so stark wie die einfacheren Kohlenhydrate im Weißmehl; zusätzlich sind die in Vollkorn enthaltenen Ballaststoffe gesund.
- Bei tierischen Produkten sind magere und fermentierte Milchprodukte wie Quark, Skyr oder Joghurt gesund, dazu wenig Fleisch, noch weniger Wurst, regelmäßig Fisch und ab und zu Eier. Das Eiweiß aus Quark und Co. ist wichtig, die Fette aus rotem Fleisch, verarbeitetem Fleisch und Eiern sind dagegen sehr ungesund.
- Generell sollten gesunde Fette bevorzugt werden, das sind ungesättigte Fette, wie sie etwa in Fisch, Nüssen und Pflanzenölen enthalten sind. Schlecht sind gesättigte Fette (z. B. in Fleisch oder Butter); am schlimmsten sind Transfette, die v. a. in Fertiggerichten, Chips und anderen ultrahoch verarbeiteten Lebensmitteln enthalten sind.
- Zucker und Salz sollten möglichst vermieden werden – die finden sich am meisten in Limos und allen Arten von Fertiggerichten.
- Wenn du die Wahl hast, nimm stets die weniger verarbeitete Variante mit möglichst wenigen Grundzutaten und Gewürzen. Je ursprünglicher die Nahrung und je natürlicher der Geschmack, desto besser. Kochen ist natürlich erlaubt und erwünscht und zählt nicht als »Verarbeitung«.
- Simple Regel dazu: Wenn du erkennst und weißt, was auf dem Teller ist, hast du schon viele Fehler vermieden!

Mir geht es mit dem Essen wie vermutlich den meisten Menschen: Wenn es vor meiner Nase steht, greife ich zu. Stimuluskontrolle (hatten wir gerade schon beim Alkohol) finde ich deshalb am wirkungsvollsten, um weniger ungesundes Zeug zu essen – platt gesagt, einfach nichts zum Naschen dazuhaben außer einer Tafel Zartbitterschokolade. Da schaffe ich 70 Prozent Kakao, mehr ist mir einfach zu bitter.

Außerdem habe ich mir einen gedanklichen Trick angewöhnt, der oft ganz gut funktioniert – allerdings nicht mehr so gut, wenn ich müde oder gestresst bin oder schon etwas getrunken habe … Und zwar stelle ich mir vor, dass dieser ganze süße, bunte, knallig verpackte Kram – Gummibärchen, Schokolinsen, Karamellbonbons, Kekse etc. –, dass das alles einfach keine Lebensmittel sind, sondern giftiger Müll. Wenn ich das klar habe, kann ich im Supermarkt an den entsprechenden Regalen relativ leicht vorbeigehen. Aber, wie gesagt, nicht im Zustand der gesteigerten Erschöpfung!

Johanna tut sich in Bezug auf Süßkram vor allem schwer damit, mit dem Essen aufzuhören, bevor die Packung leer ist. Bei ihr hilft dagegen folgendes Vorgehen am besten: Sie hat sich angewöhnt, nur noch sehr teure Süßigkeiten zu kaufen. So »tut es mehr weh«, davon viel zu essen, jedes kleine Stück Schokolade ist dann wie ein 50-Cent-Stück, das mir nichts, dir nichts im Mund verschwindet. Dann lieber ausgiebig genießen, es soll sich schließlich lohnen!

Außerdem ist das Thema Intervallfasten ja gerade in aller Munde und dafür gibt es auch viele gute Gründe. Auch Johanna schwört darauf. Sie isst im Alltag schon um 17 Uhr zu Abend und »fastet« dann bis mindestens 9 Uhr am Folgetag. Sie schläft dadurch besser und hat insgesamt viel mehr Energie und sogar bessere Laune.

Ich habe das beobachtet und inspiriert davon auch probiert, das Frühstück wegzulassen (Abendessen weglassen kommt gar nicht infrage!). Meine Erkenntnis ist, ich schaffe das leider nicht. Ich schaue nur auf die Uhr, wann ich endlich essen darf, bekomme einen komischen Geschmack im Mund und denke nur noch ans Essen. Außerdem mag ich die Sachen, die ich zum Frühstück esse – Obst, Müsli, Joghurt, Porridge etc. – einfach so gern, ich will das jeden Tag essen, aber eben nur zum Frühstück. So muss das jede für sich herausfinden. Wenn du das schaffst mit dem Intervallfasten – Hut ab und herzlichen Glückwunsch!

Johanna hat außerdem noch einen Tipp von ihrem Mann mitgebracht, der für ihn besonders gut funktioniert. Sie nennt das: »Diät einmal andersherum« – nämlich nicht in erster Linie auf etwas verzichten, sondern als Erstes darauf achten, bestimmte Dinge auf jeden Fall zu essen. Kelly und Juliet Starrett raten in ihrem Buch *Built to move*[29] dazu, als Erwachsener pro Tag 800g Gemüse und Obst sowie 1,4–2g (abhängig vom körperlichen Fitness-/Trainingslevel) pro kg eigenes Körpergewicht an reinem Eiweiß zu verzehren (z. B. bei 68 kg Körpergewicht 800 g Gemüse und Obst und 115 g reines Eiweiß für eine körperlich aktive Person). Die Menge an Eiweiß in einem Lebensmittel entnimmt man dabei der Nährwerttabelle auf der Packung oder entsprechenden Listen im Internet. So hat man sicher alle Nährstoffe in der Nahrung, die der Körper braucht, um gesund zu bleiben und gut für seine Muskeln sorgen zu können. Johannas Mann ist von diesem Ansatz begeistert, da er sich dadurch sehr fit fühlt, viel Energie für Sport hat und die Bewältigung dieser Mengen an gesunder Kost auch einfach kaum mehr Platz im Bauch lässt, um noch sonderlich viel Ungesundes zu essen.

Challenge: gesünder essen

- Geh im Supermarkt an Regalen mit ungesunden Sachen – also Süßigkeiten, Limos, Chips, Wurstwaren etc. – konsequent vorbei. Bleib nicht stehen, denk gar nicht drüber nach!

- Bereite dein Essen regelmäßig selbst zu, und verwende dazu viel Obst, Gemüse, Salat, Hülsenfrüchte und Fisch. Wenn dir im Alltag auf die Schnelle die Ideen fehlen, überleg dir am Wochenende ein paar Gerichte, die du kochen kannst, schreib sie dir in den Kalender und kauf schon dafür ein. Viele Sachen kann man auch in größerer Menge kochen und mehrere Tage hintereinander essen. Und für Rezeptideen gibt es super Apps, z. B. KptnCook.
- Versuche, andere einzubinden. Teile den Menschen, mit denen du häufig zusammen isst, mit, dass du etwas ändern möchtest. Versuche, sie zu motivieren mitzuziehen. Idealerweise geht ihr das ein oder andere Vorhaben gemeinsam an, das macht alles einfacher. Oder du musst dich zumindest nicht jedes Mal erklären, wenn du etwa etwas ablehnst, das du bisher gerne gegessen hast.
- Stell einen schicken Obstteller in deine Küche, falls du mal etwas naschen möchtest. Dazu musst du leckeres Obst kaufen, sofort waschen, einen Teil in den Kühlschrank legen und den Rest hübsch drapieren. Wirf nicht einfach eine große Tüte mit Äpfeln irgendwo in die Ecke – das lacht niemanden an, dann greift man doch lieber in die Keksdose!
- Lass dich von der Natur inspirieren. Draußen hängen die süßesten Früchte immer ganz oben am Baum – oder zumindest muss man sehr schnell sein, um sie als Erstes zu finden. Ab heute keine Kekse mehr, außer du verdienst sie dir aktiv. Bei drei zu Fuß über eine Treppe erklommenen Stockwerken hast du einen Keks verdient, den du hinterher mit gutem Gewissen genießt.

Viel Bewegung

Regelmäßige Bewegung ist unfassbar gut für die körperliche und mentale Gesundheit. Körperlich sorgt Sport und Bewegung für eine Stärkung und Aktivierung praktisch aller Strukturen. Das hält robust und gesund und verlangsamt den Alterungsprozess. Auf mentaler Ebene hat regelmäßiger Sport etwa bei depressiver Verstimmung oder Angstsymptomen vergleichbare Effekte wie Psychotherapie. Statt in eine Therapie zu gehen und die therapeutischen Hausaufgaben zu erledigen, kannst du es zuerst einmal mit Fußball, Fitnessstudio oder Jogging versuchen.

Dabei ist natürlich »ein bisschen« immer noch viel besser als »gar keine Bewegung« – für die richtig durchschlagenden Effekte muss es aber schon ein bisschen mehr sein. Die WHO empfiehlt 150 bis 300 Minuten (also 2,5 bis 5 Stunden) Aktivität mit moderater bis hoher Intensität pro Woche, das wären etwa Walken, Joggen, Schwimmen oder Radfahren. Alternativ sind auch 75 bis 150 Minuten Aktivität mit hoher Intensität okay, allerdings müssen die dann richtig anstrengend sein. Über den Daumen gepeilt bist du also gut dabei, wenn du dich täglich eine halbe Stunde (oder alle zwei Tage eine Stunde) so bewegst, dass du ins Schwitzen kommst, aber dich dabei noch unterhalten kannst. Mehr ist dabei immer gut, solange du nicht über deine Belastungsgrenzen gehst und womöglich krank wirst.

Dabei haben die Forschung und die wissenschaftlichen Empfehlungen lange vor allem die Ausdauer im Blick gehabt und Ausdauertraining wie Radfahren, Joggen oder Schwimmen empfohlen. In den letzten Jahren kommt aber auch das Krafttraining immer mehr in den Fokus. Starke, gesunde Muskeln sind gut für den Stoffwechsel und das Funktionieren im Alltag, außerdem baut der Körper ab einem gewissen Alter ohne Training seine Muskeln ab. Deshalb wird auch regelmäßiges Krafttraining immer dringlicher empfohlen. Die WHO und viele andere Ratgeber sprechen von zweimal wöchentlich einer halben Stunde Krafttraining als gutes Minimum. Was bei der WHO nicht vorkommt, aber du vielleicht aus eigener Erfahrung kennst: Die Steigerung von Flexibilität und Dehnbarkeit hat auch einen tollen Effekt darauf, wie man sich fühlt. Beim Tanzen – vielleicht dem besten Bewegungstraining überhaupt – ist das zusätzlich verbunden mit sozialer Interaktion, außerdem fordert die rhythmische Koordination komplexer Bewegungsabläufe auch das Hirn – und die Musik macht gute Laune!

Krankheiten sind dabei übrigens keine Ausrede! Natürlich musst du dich schonen, wenn du akut mit Grippe und Fieber im Bett liegst oder gerade sehr belastende Behandlungen durchmachst. Aber auch Menschen mit chronischen Erkrankungen aller Art tut häufige und möglichst intensive Bewegung gut – dabei ist natürlich immer eine Rücksprache mit der behandelnden Ärztin wichtig.

Effekte von regelmäßigem Sport auf den Körper – eine Auswahl

- Alle Systeme des Körpers werden fit und gesund gehalten. Muskeln, Knochen, Gelenke, Sehnen, Bänder und Bandscheiben werden durch mehr Bewegung besser durchblutet und versorgt, bleiben erhalten oder werden sogar aufgebaut. Das Herz-Kreislauf-System und die Atmung profitieren davon und halten dich leistungsfähig.
- Wenn du beim Sport Kalorien verbrauchst, nimmst du Gewicht ab. Durch weniger Gewicht und insbesondere weniger Körperfett werden zum Beispiel die Gelenke weniger belastet und die Entzündungswerte sinken.
- Mit Krafttraining kannst du Muskeln aufbauen. Starke Muskeln sind gut für den Stoffwechsel und erhöhen deinen Grundumsatz – also die Menge an Kalorien, die du quasi

in der Baseline verbrennst. Das bedeutet: Du kannst mehr Kalorien zu dir nehmen, ohne zuzunehmen.

- Durch starke Muskeln und gute Koordination kommst du im Alltag besser zurecht – egal, ob es darum geht, eine lange Treppe hochzukommen, Wasserkästen zu schleppen oder auf einer Leiter zu balancieren.

Das bewirkt regelmäßiger Sport zum Beispiel für die Psyche:

- Sport und Bewegung setzen verschiedene Hormone frei, die für Glück, Zufriedenheit und Wohlbefinden sorgen, zum Beispiel Dopamin, Serotonin und Endorphine; außerdem werden Stresshormone wie Cortisol abgebaut. Diesen Effekt merkst du zum Beispiel, wenn du dich nach einer Sporteinheit zufriedener, ausgeglichener oder entspannter fühlst als davor. Deshalb gehen routinierte Läufer auch gerne erst mal eine Runde joggen, wenn sie sich gestresst fühlen oder sich über etwas aufregen.
- Sport fördert deine Energie und dein Selbstbewusstsein. Auch wenn es manchmal nicht einfach ist, sich aufzuraffen – wenn du dich bei Energiemangel bewegst, statt auf der Couch liegen zu bleiben, macht dich das in der Regel wacher. Und wenn du merkst, dass du dranbleibst und Erfolge siehst und spürst, macht dich das stolz und selbstbewusst.
- Regelmäßiger Sport fördert den Schlaf. Wenn du dich tagsüber auspowerst, kannst du nachts besser schlafen. Und guter Schlaf ist ebenfalls unschlagbar wichtig für das Wohlbefinden und die Gesundheit.
- Regelmäßiger Sport wirkt gegen Angstsymptome und depressive Stimmung genauso gut wie Psychotherapie.[30] Vermutlich hängt das mit dem günstigen Einfluss auf so

wichtige Faktoren wie Hormonstoffwechsel, Schlaf, Energielevel und Selbstbewusstsein zusammen.

Wie viel und auf welche Art und Weise du deinen Körper bewegst, hängt natürlich stark damit zusammen, in welchem Zustand er sich befindet. Unsere Körper sind eigentlich dafür gemacht, den ganzen Tag auf verschiedenste Art auf Achse zu sein: vom Aufstehen bis zum Schlafengehen, grob- und feinmotorisch arbeiten, durch unwegsames Gelände klettern, Jagdbeute und Baumaterialien durch die Gegend tragen, Holz machen, Wasser holen … Dabei bilden Muskeln, Sehnen, Knochen und Herz-Kreislauf-System ein zusammenhängendes System, in dem alle Teile sich jeweils brauchen und stärken. Wenn du häufig in derselben Haltung arbeitest, etwa weil du viel sitzt, oder wenn du nur ganz spezielle Muskelgruppen bei repetitiven Übungen trainierst, kann deinem Körper das schaden. Ihm fehlt dann die Vielfalt an Bewegungen, die dich ganz automatisch stark, ausdauernd und elastisch halten würden.

Sich mehr und insbesondere vielseitiger zu bewegen, kann allerdings schon anstrengend sein. Es erfordert deshalb für nahezu jeden Menschen Willenskraft, sich selbst dazu zu bringen. Viel zu verlockend ist es, dieses Mal (jaa, wirklich nur dieses!) den Fahrstuhl zu nutzen, auf dem Sofa liegen zu bleiben oder den leichtesten Weg von A nach B zu nehmen. In dieser Infobox findest du ein paar Vorschläge, wie es besser klappen kann:

Einfach loslegen

- **Nimm den Schweinehund nicht so ernst.** Der stärkste Hinderungsgrund für mehr Bewegung ist bei körperlich grundsätzlich gesunden Personen der innere Schweinehund. Er will dich von der Bewegung abhalten. Ist dir dabei Folgendes schon einmal aufgefallen? Sobald du tatsächlich unterwegs bist, ist es gar nicht mehr so schlimm, wie dein Schweinehund dir vorher einreden wollte.

- **Umgehe die Komfortfalle.** Komfort ist etwas Großartiges. Er bringt Spaß, entspannt und lässt dein Gehirn Glückshormone ausschütten. Er ist eine Art der Belohnung, ähnlich wie eine Süßigkeit. In unserer westlichen Gesellschaft ist Komfort allerdings so alltäglich geworden, dass das gesunde Maß für unser Körpersystem überschritten wird – denn zu viel Komfort schadet dir genauso wie zu viel Süßes. Du tust dir etwas Gutes, wenn du zwischendurch auf den Komfort verzichtest und stattdessen die unkomfortablere Möglichkeit wählst: Treppe statt Fahrstuhl, Fahrrad statt E-Bike, auf dem Boden statt auf einem Stuhl sitzen, die kalte statt der warmen Dusche usw.
- **Bring mehr Bewegung in deinen Alltag.** Dein Körper will am liebsten ständig in Bewegung sein. Das ist mit deinem Job, der Familie und all den anderen Pflichten so natürlich nicht vereinbar. Aber im Kleinen kannst du direkt damit anfangen: Gehe nicht nur zweimal die Woche zu einem zweistündigen Work-out, sondern binde jede mögliche kleine Bewegung, Dehnung oder Gleichgewichtsübung kreativ in deinen Alltag ein. Liegestützen an der Küchenzeile, während du auf die Kaffeemaschine wartest. Kochen auf einem Bein stehend. Bei deiner Laufrunde über die Unkräuter zwischen den Pflastersteinen springen.
- **Gönne auch deinem Ego seinen Spaß.** Apps, die die sportlichen Aktivitäten aufzeichnen, sind für viele Menschen sehr motivierend. Es tut gut zu sehen, wie viele Schritte man am Tag bereits gelaufen ist, wie viele Kilometer man

auf der eben gelaufenen Runde zurückgelegt hat und wie hoch der zusätzliche Kalorienverbrauch durch die Bewegung am Tag ausgefallen ist.

- **Suche nach Mitstreitern.** Bewegung und Sport machen den meisten Menschen gemeinsam mit anderen viel mehr Spaß. Es motiviert, und du kannst dich nicht so leicht drücken, wenn du dich mit einem Freund oder Familienmitglied zum Sport verabredet hast. Gemeinsam erlebte Herausforderungen und Erfolge verbinden außerdem und vertiefen eure Beziehung.
- **Lass auch mal fünfe grade sein.** Tage, an denen du nicht ausreichend Kraft aufbringst, um dich viel zu bewegen, sind normal. Schlimm ist nicht der Pausentag an sich, sondern wenn du nach einer Reihe von Pausentagen komplett in alte Gewohnheiten zurückfällst, kapitulierst und dein Bewegungsprogramm ganz aufgibst.

Für viele Menschen ist der Einstieg in mehr Sport und Bewegung irgendein Vorhaben, das mit Wettbewerb und Laufen zu tun hat. Das war bei mir auch so. Als Studentin hatte ich plötzlich lauter sportbegeisterte Menschen in meinem Umfeld und dadurch auf einer Party eine Wette abgeschlossen, dass ich ein Jahr später einen Triathlon (Kurzdistanz – 1,5 km Schwimmen, 40 km Radfahren, 10 km Laufen) schaffen würde. Die Wette habe ich gewonnen! Und seitdem mit dem Laufen nicht mehr aufgehört … Deshalb bin ich von solchen Aktionen sehr überzeugt.

Du musst dabei aber natürlich deine Grenzen respektieren und nicht auf Teufel komm raus einen Marathon rennen wollen, wenn dir nach zwei Monaten Training bei 10 km schon alle Gelenke wehtun – dann lieber in einer Marathonstaffel mitlaufen oder auf einen Volkstriathlon umschwenken. Und obligatorisch hier immer der Hinweis: Wenn du gesundheitliche Themen hast, die dir irgendwie reingrätschen könnten, sprich mit deinem Arzt. Grundsätzlich wird Bewegung jedem empfohlen, aber man kann es natürlich auch übertreiben.

Sportliche Challenges

Zum Glück gibt es mittlerweile ein riesiges Angebot an Challenges, die damit enden, dass du ein fettes Erfolgserlebnis einfährst, und das auch noch zusammen mit vielen Gleichgesinnten, die dir dafür Kudos geben. Offensichtlich spricht das viele Menschen an.

- Läufe – z. B. 10 km, Halbmarathon oder für die ganz Ehrgeizigen auch Marathon – kann man in einigen Monaten oder einem halben Jahr schaffen, wenn man einigermaßen grundgesund ist und regelmäßig trainiert. Das Erfolgserlebnis ist magisch!
- Triathlons haben den Vorteil, dass sie vielfältiger sind, der Sport geht nicht einseitig immer auf dieselben Gelenke, und das Training ist etwas abwechslungsreicher, als immer nur zu laufen ... Dabei sind die sogenannten Volkstriathlons ein super Einstieg mit normalerweise ungefähr 500 m Schwimmen, 20 km Radfahren und 5 km laufen. Dafür musst du vorher ordentlich trainieren, aber es ist nicht aus der Welt, es zu schaffen.
- *Parkrun* organisiert in vielen Städten jeden Samstagvormittag 5-km-Läufe – kostenlos, inklusiv, einfach, um zusammen zu laufen. Das ist eine klasse Alternative, wenn du zwar schon das soziale Miteinander suchst, den Wettbewerbsveranstaltungen eher skeptisch gegenüber-

stehst, weil du die Stimmung dort nicht magst oder es einfach erst mal etwas langsamer angehen lassen möchtest.

Außerdem kannst du im Alltag immer wieder darauf achten, Kleinigkeiten dynamisch, beweglich und aktiv zu erledigen. Zum Beispiel beim Aufstehen aus dem Sitzen nicht die Hände verwenden, die Schuhe im Stehen anziehen und dabei auf einem Bein stehen, beim Essen die nicht dominante Hand nehmen oder zu Hause möglichst viele Strecken rennen statt gehen. Das alles fördert die Bewegung im Alltag, ohne zusätzliche Zeit zu brauchen.

Guter Schlaf und regelmäßige Tagesstruktur

Unser Körper funktioniert in regelmäßigen Rhythmen und Zyklen. Der wichtigste davon ist der sogenannte zirkadiane Rhythmus, also der Rhythmus über den Tag. Dazu gehören besonders der Schlaf-wach-Rhythmus und der Rhythmus der Mahlzeiten. Dabei durchlaufen wir in allen möglichen Systemen immer wieder den gleichen Kreislauf. Diesem Rhythmus unterliegen etwa die Körpertemperatur, Puls und Blutdruck oder die Urinproduktion. Im Körper wird er zentral gesteuert über die Gehirnregion des Hypothalamus und organisiert durch die Ausschüttung verschiedener Hormone. So wird etwa zur Schlafenszeit das Schlafhormon Melatonin ausgeschüttet, die Körpertemperatur verringert sich und die Urinproduktion wird reduziert. Du kennst diese Rhythmen dadurch, dass du zum Beispiel immer zur gleichen Zeit hungrig wirst, wenn du deine Mahlzeiten gewohnt bist. Oder dass du immer zur gleichen Tageszeit Energiehochs und -tiefs hast. Und natürlich dadurch, dass du am besten schläfst, wenn du zu deiner gewohnten Uhrzeit ins Bett gehst.

Guter Schlaf ist für die körperliche und mentale Gesundheit genauso wichtig wie viel Bewegung. Dabei hängt beides zusammen – wenn du dich regelmäßig bewegst, hat das einen guten Effekt auf den Schlaf. Und natürlich hast du auch mehr Energie für deinen Sport, wenn du gut geschlafen hast … Dein Körper und deine Psyche brauchen den Schlaf zur Erholung und Regeneration vieler Prozesse und zur Verarbeitung des tagsüber Gelernten und Erlebten.

Schlafstörungen sind sehr weit verbreitet. Dabei ist guter Schlaf für die meisten Menschen kein Hexenwerk. Und dafür spielt übrigens das viel zitierte blaue Licht, das man abends vermeiden soll, nur eine untergeordnete Rolle. Die beiden allerwichtigsten Faktoren sind: erstens nicht länger nachts im Bett zu liegen, als du an Schlaf brauchst (das können individuell etwa zwischen 6 und 9 Stunden sein). Und zweitens immer zur gleichen Zeit ins Bett zu gehen und aufzustehen – ja, idealerweise auch am Wochenende!

Regeln für einen guten Schlaf

- Nachts nicht länger im Bett liegen, als du Schlaf brauchst. Das sind übrigens nicht immer 8 Stunden! Viele Menschen brauchen weniger Schlaf und im Lauf des Lebens nimmt der Schlafbedarf manchmal auch etwas ab.
- Immer zur gleichen Zeit ins Bett gehen und aufstehen. Dann weiß dein Körper, wann er schlafen kann, und stellt sich immer besser darauf ein.
- Die Zeit vor dem Schlafengehen entspannend und ruhig gestalten: nicht mehr arbeiten, etwas Entspanntes oder Entspannendes tun, z. B. Sex haben, lesen, meditieren … Abendrituale wie ein Fußbad, eine Wärmeflasche oder eine Tasse Tee sind auch günstig.

- Spätabends keine schweren Mahlzeiten mehr essen und vor dem Schlafengehen keinen Alkohol trinken – sonst überlastest du deinen Körper mit der Verdauung und dem Abbau des Alkohols, das stört den Schlaf.
- Das Schlafzimmer angenehm und schlaffördernd gestalten – zum Beispiel mit einer guten Matratze, bequemen Kissen, guter Abdunklung, kühler Temperatur, angenehmer Gestaltung.
- Wenn du nachts zum Grübeln neigst, können dir Entspannungsübungen helfen – zum Beispiel Atemmeditation, progressive Muskelentspannung, autogenes Training oder angenehme Vorstellungsübungen.

Johanna hat seit frühester Kindheit Probleme beim Einschlafen gehabt. Nicht behandlungsbedürftig, 20 bis 45 Minuten zum Einschlafen zu brauchen, war jedoch stets Standard. Nicht, weil sie viel grübelte oder zu spät noch Koffein zu sich nahm – alle üblichen Schlafhygieneregeln hatte sie befolgt, ohne dass sich die Problematik dadurch jemals verbesserte. Durch ein spezielles Survivaltraining, bei dem sie deutlich weniger Schlaf bekam als zu Hause, fiel schließlich der Groschen: Sie schläft seitdem auch in ihrem Alltag innerhalb von 5–10 Minuten ein und schläft auch viel besser durch. Warum? Sie verbringt nun nicht mehr 8–9 Stunden, sondern nur noch 6–7 Stunden pro Nacht im Bett. Der einzige Nachteil ist, dass ihr das Aufstehen nun etwas schwerer fällt – aber die Müdigkeit hält nur kurz an, nach dem ersten Kaffee ist sie putzmunter.

Auch abgesehen vom Schlaf ist Regelmäßigkeit im Tagesablauf für Körper und Geist günstig. Wenn du deine Mahlzeiten immer zur etwa gleichen Zeit isst, einigermaßen regelmäßige Zeiten für Aktivität und Erholung hast und zu ähnlichen Zeiten Sport machst, tut dir das gut. Auch ein regelmäßiger Feierabend, ab dem Arbeit und Pflichten ruhen, ist wichtig. Dann schläfst du nicht nur gut, sondern auch die Verdauung funktioniert besser. Dann schaffst du es leichter, deine Pflichten zu erledigen, und hast genug Zeit für Erholung.

Ich gehöre dabei leider definitiv zu den Leuten, die es nicht gut schaffen, sich abends an die eigenen guten Tipps zu halten – grade schaue ich beim Schreiben auf die Uhrzeit, und Mist, es ist schon wieder nach 23 Uhr geworden! Aber den Absatz noch schnell fertig schreiben … Mein Anker für einen trotzdem einigermaßen stabilen Tagesrhythmus ist es, sehr konsequent vor dem Frühstück laufen zu gehen. Spätestens um 7 Uhr steige ich in die Laufschuhe, am Wochenende darf es auch mal 8 Uhr werden. Früher bin ich direkt aus dem Bett in die Laufklamotten gesprungen, mittlerweile gönne ich mir erst noch im Bett eine Tasse Kaffee – aber dann geht's los! Auch wenn ich zu kurz geschlafen habe, auch wenn ich zu viel getrunken habe, auch wenn es unter null Grad hat. Die einzige Ausrede ist ernst zu nehmender Regen, Hamburger Drissel zählt allerdings nicht … Mit dieser einen Gewohnheit schlage ich so viele Fliegen mit einer Klappe: Ich rette meinen Tagesrhythmus (so einigermaßen), tue was für mein Ego (weil ich danach jedes Mal total stolz bin, auch nach Jahren noch), bin schon früh draußen und in der Natur, bekämpfe bei Bedarf Kater und Müdigkeit und erfülle auch gleich noch mein Bewegungssoll!

Finde hier für dich selbst ein strukturierendes Element, das dich passend zu deinen Bedürfnissen in Bewegung bringt: eine Runde strammes Walken (mit dem Hund) am Morgen, 15 Minuten Bürostuhlgymnastik in der Mittagspause, eine abendliche Yogasession zum Runterkommen …

Challenges für einen gesunden Tagesrhythmus

- Such dir ein Morgenritual und zieh es mindestens einen Monat durch. Das kann Sport sein, aber auch Meditation, draußen sitzen und ein paar Seiten in einem guten Buch lesen oder andere Dinge, die dir Kraft geben, gesund sind und dich im Leben verankern.
- Steh mit der Sonne auf. Draußen in der Natur leben alle Lebewesen nach dem Tag-Nacht-Rhythmus. Hole dir diesen natürlichen Rhythmus in dein Leben, insbesondere in der Zeit von Herbst bis Frühling: Finde heraus, um wie viel Uhr die Sonne am nächsten Tag aufgeht, und stelle den Wecker auf diese Uhrzeit, um mit der Sonne aufzustehen. Wenn du dir etwas besonders Schönes nach dem Aufstehen gönnen möchtest, lass dich noch eine Viertelstunde eher wecken, sodass du den Sonnenaufgang miterleben kannst – vielleicht sogar mit einem leckeren Heißgetränk deiner Wahl in der Hand?
- Mach es wie die Katze. Von den Tieren kann man so einiges lernen. Hier folgt eine von den Katzen abgeschaute Technik, die Morgenmuffeln das Aufstehen erleichtert. Führe statt des »Snoozens« folgendes Experiment durch: Egal, wie müde du vielleicht noch bist, imitiere eine aufwachende Katze: Nimm dein seidiges Fell wahr, spüre deine weichen Pfoten, strecke genüsslich Finger, Arme und Beine, und beginne langsam – natürlich nicht ohne einen ausgiebigen Katzenbuckel –, dich aus dem Bett zu räkeln.
- Die Teilnehmer von Johannas Survivalkursen berichten nach einer Übernachtung draußen im Wald auffallend häufig von besonders erholsamem Schlaf. Das liegt unter anderem daran, wie die Vorbereitung auf die Traumzeit

draußen gestaltet wird: Nach einer entspannten Zeit am Lagerfeuer geht es direkt in den Schlafsack. Diese einfachen Tipps lassen dich die ursprüngliche Atmosphäre auch in deinen Alltag bringen und dadurch erholsameren Schlaf finden: Stelle deinen Wecker auf eine Stunde vor deiner geplanten Schlafenszeit. Ab diesem Zeitpunkt legst du deine digitalen Devices schlafen, dimmst das Licht in deiner Wohnung und beschäftigst dich »analog«. Vielleicht liest du ein Buch, gehst noch einmal für 15 Minuten in der kühlen Nachtluft spazieren, nimmst dir Zeit für ein Gespräch mit deinem Partner oder bereitest dein Frühstück für den nächsten Tag liebevoll vor.

Gute Beziehungen pflegen

Menschen sind Herdentiere, sie können nur in der Gruppe überleben und brauchen Beziehungen zu anderen Menschen. Positive soziale Beziehungen können uns helfen, mit Stress umzugehen und sowohl körperlich als auch psychisch gesund zu bleiben. Du bist glücklicher und ausgeglichener, wenn du gute soziale Beziehungen hast – du erlebst dann positive Gefühle wie Liebe und Verbundenheit. Umgekehrt fehlt etwas, und es kann einsam und traurig sein, wenn man zu wenig Kontakt zu anderen Menschen hat. Dieses Thema wird auch gesellschaftlich gerade viel diskutiert und speziell für ältere Menschen als großes Problem gesehen. Durch zunehmende Flexibilität in der Beziehungsgestaltung gehen traditionelle, automatisch gegebene Bindungen zwischen Menschen immer mehr verloren. Es liegt immer stärker an jeder Einzelnen, ihre Beziehungen gezielt zu pflegen und aufzubauen.

Doch warum ist das so? Warum sind die anderen für uns so wichtig? Im Zusammenhang mit den anderen Verhaltens-Basics kam die Bedeutung, die andere für uns haben, schon immer wieder auf: zum Beispiel, dass es einfacher ist, mit anderen zusammen Sport zu machen als allein, oder dass es günstig ist, andere einzubinden, wenn du etwa mit dem Rauchen aufhören oder gesünder essen möchtest. Es gibt aber noch viel mehr Verbindungen zwischen mentaler und körperlicher Gesundheit einerseits und sozialen Beziehungen andererseits, wie in der folgenden Infobox dargestellt. Diese Zusammenfassung basiert auf den Arbeiten von Peggy Thoits, die jahrzehntelang auf diesem Gebiet geforscht hat.[31]

Warum sind soziale Beziehungen so wichtig für ein gutes und gesundes Leben?

- **Sozialer Einfluss und sozialer Vergleich.** Andere Menschen können dich anspornen und dabei unterstützen, Neues auszuprobieren oder gesunde Verhaltensweisen zu verbessern. Wenn deine Freundin anfängt, mehr Sport zu machen, steigt die Wahrscheinlichkeit, dass du es auch angehst und besser dranbleibst. Deshalb helfen dir andere potenziell auch bei praktisch allen Verhaltens-Basics.
- **Soziale Kontrolle.** Wenn du anderen mitteilst, dass du bestimmte Dinge tun oder lassen möchtest – z. B. gesünder essen oder aufhören zu rauchen –, dann klappt es oft besser. Denn du weißt, dass es nicht unbemerkt bleibt, wenn du dich nicht an dein Vorhaben hältst: Die anderen kontrollieren ein bisschen mit, ob du deine Pläne auch umsetzt. Auch so können andere Menschen dir helfen, die Verhaltens-Basics besser umzusetzen.
- **Bedeutung von sozialen Rollen.** Bestimmte Rollen gehen damit einher, dass man bestimmte Dinge tun oder lassen sollte, um die Rolle gut zu erfüllen. Zum Beispiel sollten

Partner sich gegenseitig unterstützen und auch auf das Wohlergehen der Partnerperson achten. Solche Verpflichtungen können dir helfen, besser auf dich und die Menschen um dich herum zu achten. Außerdem geben dir solche Rollen auch einen Sinn im Leben – und schon allein das hilft gegen negative Gefühle wie Angst oder Verzweiflung. Im Zusammenhang mit dem Thema »Werte« werden wir uns das noch genauer ansehen.

- **Selbstwert.** Wenn du dich in vielen sozialen Rollen eingebunden fühlst, tut das deinem Selbstwert gut. Du wirst geschätzt, andere mögen dich. Das ist eines der wichtigsten Gefühle, das Menschen brauchen. Außerdem hast du dann das Gefühl, dein Leben gut im Griff zu haben. Das bannt auch Angst und Depressivität.
- **Selbstwirksamkeit.** Wenn du deine Rollen gut beherrschst und deine sozialen Aufgaben gut erledigst, dann lebst du auch mit dem Gefühl, im Leben gut zurechtzukommen. Du spürst, dass dir Dinge, die du dir vornimmst, gelingen können. Das hilft dir auch, neue Herausforderungen anzunehmen, und ist ebenfalls ein Schutz gegen negative Gefühle.
- **Zugehörigkeit und Gemeinschaft.** Gute Beziehungen geben dir auch ein Gefühl von Zugehörigkeit. Du bist Teil einer Gemeinschaft. Du gibst Liebe und wirst geliebt. Das sind die wichtigsten positiven Gefühle, die Menschen haben können. Beides ist wichtig für die seelische Gesundheit und Stabilität.
- **Verfügbarkeit von Unterstützung.** Es tut einfach gut zu wissen, dass es Menschen gibt, die dich bei Bedarf unterstützen würden. Dann traust du dir auch leichter Dinge zu, die du sonst vielleicht nicht angehen würdest.

Das sind die guten Seiten sozialer Beziehungen. Aus all diesen Gründen ist es wichtig, dass du Kontakte mit anderen Menschen pflegst und mit anderen gemeinsam die Herausforderungen des Lebens angehst.

Allerdings haben die anderen nicht immer nur einen guten Einfluss, und nicht jeder Mensch in deinem Umfeld wird dir gerne dabei helfen, mehr Verantwortung für dich, deine Gesundheit und dein Leben zu übernehmen. Wenn Familie, Partner und Freunde mit sich selbst nicht verantwortungsvoll umgehen, wenn sie selbst ungesunde Gewohnheiten pflegen, dann wird es dir das auch schwerer machen, selbst neue Wege einzuschlagen. Dann hast du nicht nur deinen eigenen Schweinehund, sondern womöglich auch noch dein soziales Umfeld gegen dich.

In diesem Buch geht es nicht in erster Linie um deine sozialen Beziehungen. Dennoch sind praktisch alle Punkte, die wir besprechen, nicht unabhängig von den Menschen in deinem Umfeld. Vielleicht hast du an der ein oder anderen Stelle schon darüber nachgedacht, wie sehr deine Entscheidungen auch mit anderen zusammenhängen. Vielleicht ist dir auch schon aufgefallen, dass manche Beziehungen im Hinblick auf ein gesundes Leben besonders wertvoll für dich sind, und andere weniger oder vielleicht sogar schädlich. Das alles sind wichtige Gedanken, an denen du dranbleiben solltest. Nicht jede Beziehung ist es wert, erhalten zu werden …

Gleichzeitig sind nicht nur deine Lieblingsmenschen, sondern auch die anstrengenden Zeitgenossen in deinem Umfeld einfach da. Einige haben möglicherweise eine lange Geschichte mit dir, und auch wenn sie dir vielleicht so manchen Stein in den Weg legen, sind sie trotzdem sehr wichtig. Weil das so ist und weil der Umgang damit viel komplexer ist, als bestimmte Lebensmittel von deinem Ernährungsplan zu streichen oder öfters joggen zu gehen, geht es an verschiedenen Stellen immer wieder auch darum, wie du dich in deinem sozialen Umfeld gut entwickeln kannst. Außerdem findest du im Kapitel *Beziehungen* im zweiten Teil des Buches Tipps, wie du damit umgehen kannst, wenn in deinem Umfeld nicht alle nur begeistert sind von deinen neuen Wegen.

Haltungs-Basics

Welche Haltung hast du zum Leben? Wie du die Ereignisse deines Alltags bewertest, wie du emotional auf sie reagierst, dich gedanklich auf sie vorbereitest – diese innere Ausrichtung nenne ich deine Haltungs-Basics. Auch hier gilt: Wenn du dich in diesem Bereich gut aufstellst, hast du schon sehr viel erreicht, um psychisch stabil zu sein.

Gesunde Lebenseinstellungen fehlen dir möglicherweise, weil du sie zum Beispiel in deiner Kindheit kaum kennengelernt oder vorgelebt bekommen hast. Es kann wichtig sein, das zu verstehen, weil du dann auch spürst, dass du keine Schuld daran hast, wie es bisher war … Gleichzeitig bedeutet es aber nicht, dass du die entsprechende Haltungen heute nicht noch entwickeln könntest – du kannst zu jedem Zeitpunkt deines Lebens viel dafür tun, ein förderlicheres Mindset zu etablieren.

Bei den Haltungs-Basics geht es viel darum, in positive Gefühle zu kommen oder negative Gefühle zu reduzieren. Das kann dir dann auch oft sehr gut bei den Verhaltens-Basics helfen: Gehst du z. B. optimistisch und mutig an neue Vorhaben heran, sind natürlich die Chancen besser, dass du damit auch erfolgreich sein wirst. Und Erfolg bei neuen Vorhaben ist wieder ein Booster für dein Selbstbewusstsein und deinen Optimismus! Die Haltungs-Basics sind deshalb auch wichtige Säulen für deine Resilienz, was im späteren Kapitel »Resilienz: mit Krisen zurechtkommen« noch einmal thematisiert wird. Warum positive Gefühle so wichtig sind, dazu gibt es eine sehr einleuchtende psychologische Theorie, die Broaden-and-Build-Theory:

Die »Broaden and Build«-Theorie positiver Gefühle[32]

In dieser Theorie geht es um die Funktion von positiven Gefühlen wie Freude, Interesse, Zufriedenheit und Liebe. Eine Kernannahme ist, dass solche positiven Gefühle die Handlungsoptionen erweitern, die ein Mensch zu einem gegebenen Zeitpunkt hat. Wenn ich mich freue, habe ich mehr Lust zu spielen. Wenn mich etwas interessiert, dann beginne ich, es zu erforschen. Wenn etwas mich zufrieden macht, werde ich es genießen und versuchen, mehr davon in mein Leben zu bringen. Liebe schließlich fördert alle diese Kreisläufe innerhalb von engen Beziehungen. Die offenen Haltungen, die von solchen Gefühlen gefördert werden, sind ganz anders als die geschlossenen, eingeengten Haltungen, die durch negative Gefühle entstehen. Wenn ich vor etwas Angst habe, bin ich zum Beispiel nur noch mit Kampf oder Flucht beschäftigt, aber bestimmt nicht mit Exploration, Erforschung und dem Ausprobieren von etwas Neuem.

Die zweite Kernannahme ist entsprechend, dass ich durch diese Haltungen mehr ausprobiere. Über das Spiel, das neugierige Erforschen von etwas Neuem u.Ä. fördern positive Gefühle Kreativität und neue Entdeckungen, sie lassen Ideen und soziale Beziehungen wachsen. Das wiederum verbessert meine eigenen Ressourcen – angefangen von körperlichen und intellektuellen Ressourcen, wenn ich etwas Neues lerne, bis hin zu sozialen und psychologischen Ressourcen, wenn ich etwa neue Beziehungen aufbaue oder mein Selbstbewusstsein steigt. Und diese Ressourcen bleiben natürlich bestehen, wenn ich sie erst mal aufgebaut habe. Das heißt, in zukünftigen Situationen kann ich darauf zurückgreifen, um wieder neue Herausforderungen anzugehen. Eine sich selbst befeuernde Aufwärtsspirale!

Gelassenheit

Gelassenheit ist eine wunderbar entspannte Haltung – doch wie erlangen wir sie? Sicherlich ist dir schon aufgefallen, dass an allen Ecken und Enden Techniken empfohlen werden, um sich besser zu entspannen. Dazu gehören ganz klassische Verfahren der westlichen Therapiewelt wie Progressive Muskelentspannung oder autogenes Training, die vor vielen Jahrzehnten gezielt entwickelt wurden, um Entspannung zu verbessern. Aber ich würde dazu auch viele andere Techniken zählen:

Bessere Entspannung im Alltag

- Klassische Entspannungstechniken wie Progressive Muskelentspannung und autogenes Training.
- Übungen zur Achtsamkeit und Meditation, oft in Form von Atemübungen; diese können für sich stehen oder auch im Kontext umfangreicherer Angebote wie Yoga.
- Mentale Vorstellungsübungen, etwa eine Fantasiereise zu einem schönen Ort.
- Hypnotherapeutische Vorstellungsübungen, in denen zum Beispiel ein Stressfaktor verwandelt wird in ein Bild, das dich belustigt.

- Körperliche Techniken der Entspannung wie Tai Chi oder manche Yogaformen.
- Maßnahmen, die körperlich entspannen, etwa Baden, Saunieren, Massagen.

Die Haltung im Alltag, die damit gefördert werden soll, lässt sich sicherlich am ehesten mit *Gelassenheit* beschreiben. Das bedeutet, sich bei Stress und Ärger nicht aufzuregen – oder sich nur kurz aufzuregen, die Aufregung wahrzunehmen und dann schnell wieder runterzufahren. Achtung: Das bedeutet nicht, sich um stressige Aufgaben oder Situationen nicht zu kümmern. Natürlich muss das Thema, das den Stress auslöst, irgendwie beachtet und bearbeitet werden. Aber das kannst du tun mit viel Aufregung und Adrenalin im Blut – oder eben mit wenig.

Doch wie soll das überhaupt funktionieren? Der Stress kommt ja nicht unbedingt genau dann um die Ecke, wenn ich gerade in der Badewanne sitze oder mich mental an einen schönen Strand katapultiere … Die Idee hinter allen Entspannungstechniken, die man übt (z. B. autogenes Training oder Yoga), ist mehr oder weniger, dass ich durch häufiges Üben eine Routine darin entwickle, meine innerliche Aufregung und Anspannung wahrzunehmen. Durch die jeweilige Technik, z. B. achtsames Atmen oder Anspannen und Entspannen der Muskeln, gelingt es mir dann, diese wieder abzubauen. Wenn ich das häufig genug übe, wird mir meine Anspannung und Aufregung zunehmend auch im Alltag auffallen, und ich kann deren ungutem Einfluss auch hier gezielt entgegenwirken und »loslassen«.

Idealerweise mache ich also häufig zum Beispiel Meditationsübungen mit Atemachtsamkeit. Wenn ich dann im Alltag überraschend gestresst werde, z. B. weil mich im Straßenverkehr jemand anpöbelt, nehme ich den Stress wahr – ich rege mich aber nur ganz kurz darüber auf, pöbele möglichst nicht zurück und nehme stattdessen ein paar bewusste, tiefe Atemzüge, auf die ich mich konzentriere, um mein kurzfristig hochgefahrenes Stresssystem wieder runterzufahren.

Die Idee hinter Entspannungsmethoden wie Baden oder Saunieren ist dagegen eher, dass dadurch nach einem anstrengenden Tag etwas so Angenehmes, Ruhiges und auch körperlich Entspannendes getan wird, dass der Stress sich von allein reduziert. Man würde aber wohl eher nicht darüber imaginieren, jetzt in der Sauna zu sitzen, wenn man auf der Straße angepöbelt wird.

Doch wie funktioniert das eigentlich? Warum hilft Entspannung nachweislich bei all den Problemen und Erkrankungen, die wir schon angesprochen haben – Depressionen, Ängsten, Bluthochdruck, Rückenschmerzen etc.? Mit Entspannungstechniken lässt sich unser Vagusnerv aktivieren. Der Vagusnerv, oder auch Parasympathikus, ist ein komplexes Nervensystem in unserem Körper, der den Gegenspieler zum Sympathikus bildet. Der Sympathikus ist das Stresssystem, das bei Stress hochgefahren wird. Bei einer Sympathikusaktivierung wird z. B. Adrenalin ausgeschüttet, und der Körper stellt rasch eine enorme Menge an Energie bereit, um auf den Stressor zu reagieren, etwa zu kämpfen oder zu flüchten. Das ist oft sehr sinnvoll, um gefährliche Stressoren zu überwinden – genau genommen würden wir Menschen nicht überleben, wenn wir diese Funktion nicht eingebaut hätten! Ein gerne genommenes Beispiel ist da immer der Säbelzahntiger, auf dessen Anblick der Sympathikus unserer Vorfahren sofort die Fluchtreaktion auslöste. Allerdings tendiert Stress in unserem Alltag heute dazu, chronisch zu werden. Dann fährt das sympathische System nicht mehr ordentlich herunter. Eine zentrale Folge ist eine Erhöhung des Blutdrucks, des Stresshormonlevels und diverser Entzündungsparameter, die dann wiederum manche Krankheiten und die chronische Entzündung fördern. Ein regelmäßiges Training des Parasympathikus hilft dir, hier gegenzusteuern, wieder ein Gleichgewicht zwischen diesen Systemen herzustellen und mehr in deiner Mitte zu bleiben.

Johanna meint, dass der Aufenthalt draußen in der Natur einen fast automatisch zum Entspannen bringt. Hier also zwei Vorschläge, die sich am geöffneten Fenster umsetzen lassen:

Entspannungsideen aus der Wildnispädagogik

- **Power-Reset für deinen inneren Akku**. Wer draußen in der Wildnis überleben möchte, braucht alle seine Sinne. Gleichzeitig auf potenzielle Gefahren lauschen, Wetterveränderungen fühlen und Nahrungsquellen erkennen lässt keinen Raum mehr für Grübelei. Stattdessen bietet es sich an, eine sogenannte »Sinnesmeditation« zu machen. Dabei suchst du dir einen gemütlichen Sitzplatz in der Natur, im Park oder auf dem Balkon, an dem du dich wohlfühlst. Dort schließt du die Augen und beobachtest zunächst deinen Atem ein paar Züge lang. Dann konzentrierst du dich auf das Hören. Was hörst du vor, hinter, neben, über, unter dir? Welches ist das lauteste und das leiseste Geräusch? Rieche danach, wonach die Luft riecht. Schnuppere an deinen Händen. Atme durch den Mund ein und schmecke die Luft. Schließe den Mund, und schmecke, was auch immer es dort zu schmecken gibt – vielleicht einen leisen Nachgeschmack des Kaffees, ein Hauch des Currys vom Mittagessen? Und nun konzentriere dich auf die Haut und spüre. Ist es warm oder kalt? Fühlst du einen Windhauch oder sogar die Luftfeuchtigkeit? Zuletzt öffne die Augen, und nimm eine Minute lang wahr, was du um dich herum siehst. Atme noch ein paarmal bewusst ein und aus, bevor du dich – nun voraussichtlich in einem viel ruhigeren Tempo und mit leiseren Gedanken – wieder deinen Alltagsaufgaben widmest.

- **Quality-Me-Time.** Draußen in der Wildnis muss man regelmäßige Pausen einlegen, um dauerhaft fit und belastbar zu bleiben. Wer nur unter Volldampf durch den Wald rennt, hat bald keine Puste mehr und verletzt sich schnell. Nimm dir dieses Muster mit in deinen Alltag: Auf Phasen des Machens sollten also stets Phasen meditativer Ruhe und des Rückzugs, um Qualitätszeit nur mit dir allein zu haben, folgen. Das lädt sowohl dein Energielevel als auch den sozialen Akku wieder auf. Suche dir dafür einen Sitzplatz, an dem du dich wohlfühlst. Vielleicht ist es ein Ohrensessel mit Blick aus dem Fenster auf die Tauben der Nachbardächer. Vielleicht kannst du sogar angelehnt an einen Baum im nahe gelegenen Stadtwald sitzen (das wäre das Nonplusultra). Sitze einmal pro Woche für ½–1 h auf diesem Platz, mache die »Sinnesmeditation«, und sei einfach nur da.

Mein Lebenssinnspruch ist das sogenannte Weisheitsgebet, das allen möglichen Quellen zugeschrieben wird: »Gott, gib mir die Gelassenheit, Dinge hinzunehmen, die ich nicht ändern kann, den Mut, Dinge zu ändern, die ich ändern kann, und die Weisheit, das eine vom anderen zu unterscheiden.«

Um das im Alltag umzusetzen, funktioniert für mich am besten das Tief-Durchatmen. Wenn ich merke, etwas regt mich auf oder ich bin irgendwie angefasst – erst mal drei Atemzüge lang auf den Atem achten. Das reicht für die täglichen Kleinigkeiten wie unfreundliche Bemerkungen, Schreckmomente, doofe kleine Begegnungen. Die kann und will ich meistens eh nicht ändern – es wäre ehrlich gesagt auch eine ziemliche Verschwendung von Energie, die mir dann an anderer Stelle fehlte.

Und wenn ich größeren Stress habe – zum Beispiel schwierige Projekte, ernsthafte Konflikte oder echte Sorgen –, dann hilft natürlich einerseits ein Plan, was ich tun kann, um das zu ändern. Um mich dann aber gedanklich davon zu lösen und dadurch nicht meinen Schlaf auch noch ruinieren zu lassen, ist Sport die beste Maßnahme, am besten mit einem Saunagang danach. Die Belastung durch die körperliche Bewegung einerseits und die Hitze der Sauna andererseits stellen für den Körper natürlich zusätzlichen Stress dar. Das führt in den ersten Minuten zu noch stärkeren Stressreaktionen (z. B. Adrenalin- und Cortisolausschüttung, steigender Blutdruck). Der Knackpunkt: Sport oder der Umgang mit extremen Temperaturen sind für unser Körpersystem vertraute Stresssituationen, mit denen er bestens umgehen kann. Während des Sports oder des Saunagangs stürzt er sich mit dem Ziel der Entspannung ganz von allein auf die Lösung sämtlicher Stresssymptome. Weil er dann schon mal dabei ist, nimmt er dabei auch gleich den Stress aus meinem Alltag mit weg. Danach fühle ich mich körperlich so wohl, dass auch der mentale Stress gedämpft ist. Morgen ist auch noch ein Tag, und dann gehe ich es wieder an!

Challenges, um sich weniger aufzuregen

- **Raus aus der mitleidigen Passivität.** Manchmal kann es echt Spaß machen, sich aufzuregen. Gönne dir eine kurze, impulsive Aufregeeskalation. Im ersten Teil des Buchs hast du bereits einiges an Inspiration gelesen, wie sich das anfühlen kann: Die anderen sind schuld, alles ist richtig bescheuert, jedem geht es besser als dir – je polarisierender deine Gedanken und Aussagen, desto besser. Hau alles raus, was du innerhalb von 30 Sekunden raushauen kannst. Prüfe dich danach selbst: Kamst du dir während deiner lauten Eskalation vielleicht sogar etwas dämlich vor, weil du dabei eigentlich selbst schon gemerkt hast, dass das so nicht ganz stimmen kann? Oder hast du gehofft, dass vielleicht jemand zuhört, dir zustimmt, dir Mut zuspricht oder ein wenig Mitleid bekundet? Ersteres ist eine super Triebfeder für Eigenverantwortung – bestärke dich darin. Letzteres birgt die Gefahr, dass du das Problem eigentlich gar nicht so gern lösen möchtest, weil es ehrlicherweise ein bisschen angenehm ist, den Zuspruch zu bekommen. Dadurch wählst du jedoch das Verharren in einer passiven Haltung statt dem Aufblühen in deinem aktiven Leben. Nimm Dinge also gelassen, und mache weiter, ohne sie auf Mitleid hoffend anderen zu erzählen. Gehe den Schritt aus der Komfortzone, und zeige Haltung oder Aktion, statt dich weiterhin bequem aufzuregen.

- **Spazierengehen im Regen – herausforderndes Entspannungstraining.** Nimm dir das nächste Mal, wenn es regnet, eine Viertelstunde Zeit, um spazieren zu gehen. Am besten ohne Regenkleidung. Ich wette, in dir fährt schon beim Gedanken daran das Stresslevel ein Stückchen hoch. Raus bei so einem Wetter – seid ihr irre?! Und genau darum geht es. Ein viertelstündiger Regenspaziergang ist für eine normal gesunde Person kein Problem – und doch fordert es dich insbesondere mental sehr heraus. Gehe also hinaus und beobachte dich selbst. Vielleicht kommen Sorgen hoch, wie: »Werde ich mich davon nicht erkälten?« Vielleicht Ärger, etwa: »Wie nass soll ich denn noch werden? Dieser Regen kriecht echt überall hin!« Was auch immer deine inneren Filme sind, beobachte sie, und wende eine der oben genannten Entspannungstechniken, vielleicht das tiefe Durchatmen, immer wieder an, um dich zu erden. So lange, bis du nach der Viertelstunde wieder daheim bist. Nach und nach wirst du merken, wie du auch im Regen entspannen kannst – wunderbar, herzlichen Glückwunsch! Dieses Gefühl kannst du dir im nächsten Meeting, in dem nicht die Tropfen, sondern die anstrengenden Kommentare der anderen auf dich einprasseln, wieder hochholen und dadurch viel entspannter bleiben.

Optimismus

Optimismus ist die Eigenschaft oder die Haltung, grundsätzlich eher das Gute zu erwarten und zu glauben, dass sich Schwierigkeiten und Hürden überwinden lassen und man vielleicht sogar daran wachsen kann. Optimistische Menschen schauen also positiver in die Zukunft, auch in schwierigen Zeiten. Interessanterweise geht es ihnen dann auch besser. Viele Studien zeigen, dass optimistische Menschen gesünder sind, sich nach Schlägen wie Herzinfarkten schneller erholen und z. B. nach Operationen weniger Schmerzen entwickeln und erleben.

Dabei könnte interessanterweise ein geringerer Pessimismus noch wichtiger für diese Befunde sein als der Optimismus im eigentlichen Sinne.[33] Sprich: Du musst nicht unbedingt die ganze Zeit strahlend durchs Leben hüpfen und erwarten, dass dir nur Gutes widerfahren wird – du solltest aber auf jeden Fall vermeiden, pessimistisch aus der Wäsche zu schauen, immerzu die Nadel im Heuhaufen zu suchen und von vornherein das Schlimmste zu erwarten. Denn Grübeln und schlechte Laune verstärken den chronischen Stress, der deinen Sympathikus übermäßig aktiviert hält.

Zweckpessimismus ist Blödsinn

Kennst du den Begriff des Zweckpessimismus? Damit ist diese Haltung gemeint, lieber immer das Schlimmste zu erwarten, um sich dann, wenn es doch gut geht, erst recht zu freuen. Meine Oma war zum Beispiel so. Das ist nach den Befunden zu Optimismus und Pessimismus[34] das Dümmste, was man machen kann. Denn auch als Optimist kannst du dich über einen guten Ausgang sehr freuen – das ist ja nicht verboten, nur weil du damit gerechnet oder darauf gehofft hast. Als Zweckpessimist hast du dir damit aber quasi absichtlich auch noch eine völlig unnötige Portion Stress und schlechte Laune mit ins Boot geholt.

Johanna war als Jugendliche eher pessimistisch. In der Schule hatte sie vor allem Sorge, dass sie in diesen ganzen Fächern, die sie nicht interessieren, schlechte Noten bekommen könnte. Bei einer Zwei war sie erleichtert, keine Fünf bekommen zu haben, anstatt sich über die gute Leistung zu freuen. Bei einer Wanderung war sie erleichtert, durchgehalten zu haben, anstatt sich über die gute Zeit draußen zu freuen. Nachdem sie später jedoch einige längere Reisen unternommen, neue Hobbys ausprobiert und eine Berufsausbildung absolviert hatte, drehte sich das Blatt: Sie fing an, sich voll Interesse auf neue Projekte einzulassen, das Studium anzugehen, das sie sich die Jahre vorher nie zugetraut hatte, und voller Optimismus immer größere Projekte zu planen, bis sie sich mittlerweile sogar eine erfolgreiche Selbstständigkeit aufgebaut hat. Noch vor fünf Jahren wäre das alles unvorstellbar gewesen.

Was war passiert? Durch viele kleine Erfahrungen und Erfolgserlebnisse aus eigener Kraft und Planung hatte sie immer wieder erlebt, dass sie Projekte schaffen kann, einen Einfluss auf ihr Leben hat und unerwartete positive Zufälle oft im richtigen Moment eintreten. Auch die kleinen Misserfolge und Niederschläge waren wichtig – sie zeigten ihr, dass das Leben hinterher immer trotzdem weitergeht und dass das Umdrehen aus einer Sackgasse sogar meistens zu einem noch schöneren Weg führt, als man sich vorher hätte vorstellen können. Dadurch hat sie einen fundamentalen Optimismus entwickelt, sodass sie nun fest darauf vertraut, dass auch Projekte in der Zukunft gut gehen werden – warum sollten sie das auch nicht tun, wo es in der Vergangenheit so oft geklappt hat?

Optimismus-Challenges

- **Finde das Gute im Schlechten.** Das ist eine super Challenge, um Optimismus zu üben. Du machst eine Radtour und der Schlauch geht kaputt? Gute Gelegenheit, mal wieder Reifenwechsel zu üben! Du wolltest windsurfen gehen, aber es ist kein Wind? Gehen wir eben baden! Du wolltest einen Kuchen backen, aber hast mit einem faulen Ei den Teig verdorben? Schon hast du dir wieder eine Kalorienbombe erspart!
- **Nimm das Problem selbstbewusst in Angriff.** Das ist ein sehr simpler Praxistipp von Johanna. Wenn das nächste Mal ein möglicherweise sogar unerwartetes Hindernis vor dir auftaucht, stell dich aufrecht hin, atme tief durch, und sage dir selbst sehr überzeugt: »Yeah, cool, ich liebe Herausforderungen!«

Dankbarkeit

Dankbarkeit ist wie Optimismus eine Haltung, die stark mit Wohlbefinden zusammenhängt. Wer dankbar ist, fühlt sich besser und ist mit seinem Leben zufrieden. Dankbarkeit kann dazu führen, dass man automatisch positive Gefühle wahrnimmt, sich stärker mit anderen verbunden fühlt und das Leben als sinnvoll erlebt. Und die gute Sache ist: Dankbarkeit ist eine Fähigkeit, die man durch Üben lernen und vergrößern kann! Aus diesem Grund helfen Dankbarkeitsübungen einerseits akut als Erste-Hilfe-Maßnahme in Situationen, in denen du dich schlecht fühlst. Du wirst dich zufriedener und ausgeglichener fühlen. Wenn du solche Übungen regelmäßig über mehrere Monate hinweg machst und am besten sogar dauerhaft in deinen Alltag einbaust, wirken sie sich zusätzlich langfristig extrem positiv auf dein grundsätzliches Lebensgefühl aus. Stelle dir vor, du fühlst die Freude über deine Lieblingskleidung auch noch nach einigen Jahren – und das bei jedem einzelnen Stück!

Die wichtigsten Übungen zur Stärkung von Dankbarkeit sind Dankbarkeitstagebücher und -listen. Ich finde allerdings, dass Meditationstechniken wie die *Liebende-Güte-Meditation*, auch Metta-Meditation genannt, die Gefühle von Liebe und Wohlwollen stärken, auch viel für das Erleben von Dankbarkeit tun.

Dankbarkeitsübungen

- **Dankbarkeitstagebücher oder -listen.** Diese Technik ist denkbar einfach. Du musst dir nur jeden Abend ein paar Minuten Zeit nehmen, um zu überlegen, wofür du an diesem Tag dankbar sein kannst. Idealerweise schreibst du dir das auch auf, zum Beispiel in einem kleinen Tagebuch oder in einer App.
- **Fünf-Minuten-Journal.** Diese Technik ist eine erweiterte Variante der Dankbarkeitstagebücher. Es beinhaltet eine Morgen- und eine Abendreflexion. Morgens überlegst du dir drei Dinge, die diesen Tag zu einem guten Tag machen

werden, und notierst sie dir. Dazu überlegst du dir noch eine Affirmation – einen guten Satz, der dich durch den Tag begleiten soll. Abends ergänzt du das Tagebuch um drei Dinge, für die du heute dankbar bist.

- **Liebende-Güte-Meditation.** Bei dieser geführten Meditation stellst du dir vor, wie du dir selbst, anderen Menschen und der ganzen Welt mit liebevoller Güte begegnest und wie auch dir mit liebender Güte begegnet wird. Es geht hier eher um allumfassende Liebe – das hat für mich aber auch viel mit Dankbarkeit zu tun.

Johanna hat für sich eine spezielle Dankbarkeitschallenge entwickelt. Sie fällt anfangs zwar schwer – ist aber umso mächtiger, wenn du sie erfolgreich anwendest. Sie ist äußerst simpel, und du kannst sie in jeder Situation, in der du wütend, traurig, gefrustet oder anderweitig unzufrieden bist, anwenden: Sprich in der emotionalen Situation eine Danksagung, die so lange geht, bis deine Laune wieder gut ist, du mit der Person, mit der du gerade streitest, wieder versöhnt bist, dir der Stau im Berufsverkehr nichts mehr ausmacht. Wofür du deinen Dank aussprichst, ist nicht ausschlaggebend. Im Idealfall fängst du damit an, genau der Person, mit der du gerade streitest, innerlich für vergangene schöne Momente zu danken, oder der Ampel, wegen der du gerade im Stau stehst, dafür, dass du wegen ihr schon so oft lebendig zur Arbeit und zurückgekommen bist. Das ist allerdings nicht der wichtige Punkt – du kannst auch deinen Lieblingstieren dafür danken, dass sie auf der Welt sind und ihr Ding machen. Die Schwierigkeit liegt auch hier – wie beim Sport – im Anfang. Du musst die protestierenden inneren Stimmen ignorieren, die gerade alles wollen, nur nicht dankbar sein. Johanna selbst fällt das nach wie vor jedes Mal echt schwer, aber sie macht es trotzdem, weil sie weiß, wie sehr es sich lohnt. Manchmal schon nach 15 Sekunden, manchmal erst nach 5 Minuten. Der Blutdruck sinkt, sie hört auf zu schwitzen, die Laune wird wieder gut, das Leben ist auf einmal wieder viel schöner.

Mut

Mut ist im Gegensatz zu Optimismus und Dankbarkeit eine Haltung, die in der Forschung wenig Beachtung findet. Es gibt ungefähr 200-mal so viel Forschung zu Angst wie zu Mut!

Ich halte aber Mut für sehr wichtig. Mut ist definiert als ein Zustand, in dem ein Gefühl, oft Angst, überwunden wird durch ein anderes Gefühl, eine Stimmung oder ein Motiv. Dieses überwindende Gefühl/Motiv kann alles Mögliche sein, von schlichtem Hunger bis hin zu edlen Motiven. Aus diesem Zustand heraus kann man Dinge tun, obwohl sich innerlich etwas dagegen sträubt. Dabei gibt es manche Handlungen, die würde jeder als mutig betrachten – z. B. jemandem unter Gefahr das Leben retten. Es gibt aber auch Handlungen, die sind eher für dich ganz persönlich mutig, z. B., wenn du dich deinen Ängsten stellst. Dann kann ein Außenstehender vielleicht gar nicht bemerken, dass du gerade sehr mutig handelst. Dabei ist Mut – wie die anderen positiven Gefühle und gesunden Haltungen, um die es hier geht – Teil einer wichtigen Aufwärtsspirale. Wenn du mutig handelst, wirst du selbstbewusster und erlebst mit der Zeit auch immer weniger Ängste und mehr Optimismus. Dadurch kannst du immer mehr Neues ausprobieren und dein Leben wird immer reicher.

Mit etwas Mut traust du dich also, Neues auszuprobieren, über die Grenzen deiner Komfortzone hinauszugehen und unbekannte Terrains zu erproben. Dabei kennen wir aus eigener Erfahrung, dass man Mut sehr gut üben kann. Auch wenn du ein ängstlicher Typ bist, kannst du dennoch deinen Mut zusammennehmen und neue Dinge ausprobieren, vor denen du Angst hast.

Sowohl Johanna als auch ich kennen das vor allem vom Sport. Ich habe mir mehrere Saisons vor jeder Kurve beim Snowboardfahren fast in die Hose gemacht … und jetzt fahre ich allein in die Alpen zum Snowboarden, wenn niemand mitkommen kann. Johanna hat sich früher bereits in der frühen Abenddämmerung zügig aus der Natur verabschiedet, um sich auf den Nachhauseweg zu machen. Inzwischen übernachtet sie gern allein im Wald oder auf einem Berg, um am nächsten Morgen durch einen schönen Sonnenaufgang und die lebendige Stimmung im Wald belohnt zu werden.

Mut-Challenges

- **Wecke den Tiger in dir mit einem »Hilfs-Ich«.** Wenn du etwas angehst, das du dich bisher nicht getraut hast, dann kannst du dir vorstellen, du bist jemand anderes, der oder die sich das wahrscheinlich trauen und die es gut hinbekommen würde. Wichtig ist, dass das eine Person sein muss, die du gerne hast und mit der du dich gerne identifizierst. Dann stell dir, wenn du deine Herausforderung angehst, innerlich ganz fest vor, diese Person zu sein. Das ist mein ganz persönlicher Leib- und Magentrick für neue Herausforderungen – ich verspreche, der funktioniert!
- **Johannas »One challenge a day …«.** Suche dir jeden Tag eine Mikroherausforderung, in der du dich deiner Angst stellst und mutig handelst. Damit ist nicht gemeint, jeden Tag einem Menschen das Leben zu retten oder an gefährlichen Stellen über die Straße zu rennen. Vielmehr sind es die wirklich kleinen Dinge: Setze dich bspw. in der Straßenbahn neben eine Person, in deren Nähe du dich sonst aus welchem Grund auch immer nicht trauen würdest. Trage dieses auffällige Paar Ohrringe, das du schon seit Wochen

in deinem Schmuckkästchen bewunderst. Sage einer Kollegin »Danke« für eine Kleinigkeit, die sonst unkommentiert ablaufen würde. Klettere in einem Park auf einen Baum, obwohl du erwachsen bist. Mit solchen Mikroherausforderungen trainierst du ein Mindset, das dich im Alltag immer mutiger werden und selbstverständlicher mit neuen Situationen umgehen lässt.

»Power«-Mindset

Hast du auch schon mal insgeheim diejenigen Menschen beneidet, die es in ihrem Leben weit gebracht haben? Vielleicht einen erfolgreichen Manager, eine Mutter, die ihre Kinder samt Halbtagesjob meistert, oder einen Shaolin-Mönch? Ein Geheimnis vieler Menschen, die in einem Bereich sehr gut werden, ist ihre Einstellung zum Leben. Natürlich spielen eine gewisse Veranlagung und ein bestimmtes Temperament eine Rolle dabei, ob du als Managerin oder liebevoller Familienvater Erfolg hast. Die besten biologischen Voraussetzungen bringen dir allerdings nichts ohne das richtige Mindset. Denn erst dieses ermöglicht es dir, in herausfordernden Phasen aufzublühen, anstatt aufzugeben. Probleme direkt anzupacken und voller Elan zu lösen, anstatt zu hoffen, dass die Phase möglichst schnell und glimpflich vorbeigeht.

Das Schlüssel-Mindset ist das Folgende: Genieße das Problem, das du gerade hast. Auch wenn es erst einmal etwas ungewohnt klingen mag: Genieße dein aktuelles Problem! Und sehne dich nicht in die Zukunft, denn das nächste Problem kommt direkt nach dem jetzigen und wird nur noch herausfordernder werden. Viele Menschen denken vor allem daran, wie schön ihr Leben wäre, wenn sie nur dieses aktuelle Problem (Schwierigkeiten in der Beziehung, Stress auf der Arbeit, kaputtes Auto, das Kind hat gerade ADHS diagnostiziert bekommen …) nicht hätten. Aber sei ehrlich mit dir: Wann in deinem Leben hattest du mal keine Herausforderung vor dir, keine belastenden Themen? Und welche der Probleme, die du damals in der Schulzeit oder in der Vergangenheit allgemein hattest, hättest du gern wieder, weil sie sich viel lösbarer anfühlen als das Problem, das dich aktuell umtreibt? Löse dich von der Einstellung, dass deine Lebenssituation gerade besonders schwer zu meistern ist, andere Leute weniger Probleme haben, das Leben es auf dich abgesehen hat oder Ähnliches. Zeig es dem Leben und dem Gegenwind. Stürze dich mit Motivation auf das Lösen der jetzigen Aufgabe.

Passend dazu verrät Johanna hier einen mentalen Lifehack aus ihrer Berufspraxis: »Leben ist Training und Training ist Leben«. Wenn du draußen in der Natur Survivalsituationen trainierst, ist offensichtlich, dass du jeden Handgriff verbessern willst, deine Fähigkeiten stets optimierst und immer weiter nach Perfektion strebst. Dazu gehört auch, dein Mindset zu formen, sodass du in immer herausfordernderen Situationen handlungsfähig bleibst. Es geht darum, innerlich so zu wachsen, dass du dich in der Situation, in der du gerade bist, immer mehr wohlfühlst, anstatt dich verzweifelt in die Zivilisation zurückzusehnen. Dafür ist der eben genannte Satz ein wichtiger Schlüssel, den sie auch mit in ihren »Zivilisationsalltag« übernommen hat, also nicht nur im Wald für sich nutzt. Er ermöglicht dir, ein im ersten Moment überforderndes Problem in ein mehr oder weniger cooles Lern- und Trainingsfeld umzudefinieren. Dadurch aktivierst du deine Ressourcen statt des Fluchtmodus und meisterst die Herausforderung besser, als du jemals erwartet hättest. Probiere es aus!

Werte finden und leben

Wir haben jetzt viel darüber gesprochen, welche Zutaten du für ein gutes Leben brauchst, warum du sie brauchst und wie du damit möglichst gesund und glücklich bleibst. Dabei waren wir – wie die Überschriften schon sagten – recht basic. Es ist für jeden gut, sich viel zu bewegen, regelmäßig zu schlafen und positiv ins Leben zu schauen. Auf dieser Basis kannst du viel erreichen, und es kann dir sehr gut gehen, egal was in deinem Leben gerade genau passiert.

In diesem Kapitel soll es jetzt um die Richtung gehen, die du mit diesen Haltungen und auf dieser Grundlage in deinem Leben einschlägst oder einschlagen willst. Damit dein Leben nicht nur ein gutes Fundament bekommt, sondern du dein Traumschloss entwerfen kannst. Und das sind deine Werte. Deine Werte sagen dir, was dir im Leben wichtig ist und wo du hinwillst – sprich, wie dein Leben Sinn und Würze bekommt. Kennst du deine Lebensmaximen, dann weißt du auch, wofür es sich lohnt, Energie aufzubringen. Und nicht nur das – Energie aufzuwenden, bedeutet dann keinen Gewaltakt mehr, sondern die Kraft ist von ganz allein da. Du brauchst sie nur noch in die entsprechende Richtung zu bündeln. Deine Werte beziehen sich auf dein Handeln und darauf, was für ein Mensch du sein möchtest. Wenn du deine Werte gut kennst, kannst du die folgenden Fragen leicht beantworten:

Was ist dir wichtig?

- Wie möchtest du dich in verschiedenen Situationen verhalten?
- Was für eine Art Mensch möchtest du sein?
- Worin willst du richtig gut werden?
- Was möchtest du mit deiner Zeit und Energie anfangen?
- Wofür setzt du dich in deinem Privatleben, deinem Umfeld und der Welt ein?
- Wie möchtest du anderen Menschen und dir selbst begegnen?
- Was ist dir im Leben wirklich wichtig, worum soll es in deinem Leben gehen?

Deine Werte geben dir Orientierung, wo es hingehen soll. Wenn dein Leben eine Reise wäre, dann wären die Werte die Orientierungspunkte oder Leuchttürme, in deren Richtung du fahren musst, um auf Kurs zu bleiben. Wenn du deine Werte gut kennst, dann kannst du wichtige Entscheidungen viel leichter treffen. Werte helfen dir, deine Prioritäten zu setzen, deine Zeit einzuteilen und deinem Leben viel Sinn zu geben. Dabei können Werte durchaus auch miteinander konkurrieren, zum Beispiel, wenn du einerseits Freiheit und Abenteuer suchst und andererseits auch deine familiären Pflichten gut erfüllen möchtest.

Die Werte sind keine konkreten Ziele. Ein Wert könnte zum Beispiel sein, leistungsbereit zu sein und dich für Aufgaben zu engagieren – dann weißt du, was du generell tun möchtest, wenn sich eine große Aufgabe stellt. So etwas wie »eine bestimmte Karrierestufe erreichen« oder »hunderttausend Euro im Jahr verdienen« wäre eher ein Ziel. Ziele und Werte hängen natürlich oft eng zusammen.

Um sich über die individuellen Werte klar zu werden, kann es sehr hilfreich sein, Inspiration in bereits bestehenden Zusammenstellungen von Werten im Leben zu suchen. Davon gibt es jede Menge, die teilweise Hunderte von eher allgemeinen bis sehr konkreten Begriffen sammeln. *Die* eine Liste von gültigen Werten gibt es nicht. In der folgenden Box findest du ein paar Beispiele:

Typische menschliche Wertebereiche

- **Gesundheit.** Das ist für viele Menschen einer der wichtigsten Werte. Denn auf dieser Grundlage kann man dann auch in anderen Wertebereichen aus dem Vollen schöpfen. Manche widmen der Optimierung ihrer Gesundheit viel Energie, Zeit und Geld, andere begnügen sich mit ein paar Basics.
- **Beziehungen.** Gute Beziehungen zu anderen Menschen sind den meisten ebenfalls sehr wichtig. Damit verbundene Werte sind etwa Liebe, Sicherheit, Ehrlichkeit, Treue, Zuverlässigkeit, Freundschaft, Verbindung durch gemeinsames Erleben, gegenseitige Unterstützung.
- **Erfolg.** Im Lebensbereich Arbeit und Beruf sind typische Werte Abwechslung, Macht oder die Sinnhaftigkeit der Tätigkeit. Natürlich kann ich auch in anderen Bereichen – etwa musikalisch oder sportlich – ehrgeizige Ziele verfolgen.
- **Erlebnisse.** Im Bereich von Freizeit und Hobbys geht es oft um Weiterentwicklung, Abenteuer, Kreativität, Ästhetik, Genuss oder das Bewältigen von Herausforderungen.
- **Engagement.** Gesellschaftlich oder bezogen auf die Gemeinschaft können wichtige Werte etwa Nachhaltigkeit, Engagement, Naturschutz, Demokratie oder Gerechtigkeit sein.

- Eher übergeordnet stehen Werte wie Ordnung, Disziplin, Freiheit, Selbstbestimmung, Spiritualität, Glaube oder Nähe zur Natur.

Vielleicht ist dir schon aufgefallen, dass es Überschneidungen gibt zwischen den Basics aus dem vorherigen Kapitel und den Werten, um die es hier geht. Für viele Menschen ist Gesundheit zum Beispiel ein superwichtiger Wert – und den kannst du mit den Verhaltens-Basics natürlich sehr gut verfolgen. Ich schreibe auch viel über die Bedeutung von Bewegung und Mut, und wir schlagen viele Challenges vor, die in diese Richtung gehen. Du kannst dir vielleicht schon denken, dass sowohl für Johanna als auch für mich das Erleben und Lernen von neuen Aktivitäten draußen und das beständige Ausweiten der Komfortzone superwichtige Werte sind. Beispiele, die wir von uns bringen, sind meist mit dem Verfolgen dieser unserer Werte verbunden. Und gleichzeitig gibt es Unterschiede: Während es für mich zum Beispiel ein besonderer Wert ist, auch immer wieder neue Orte, neue Tätigkeiten, neue Themen kennenzulernen, kann Johanna es besonders wertschätzen, wenn sie in der eigentlich altbekannten Gegend direkt vor ihrer Haustür immer wieder Neues entdeckt. Auch unsere nächsten Schritte aus der Komfortzone raus sehen häufig sehr unterschiedlich aus, obwohl sie jeweils oft in der Natur stattfinden. Ich habe bspw. einfach wenig Freude daran, mit möglichst wenig Equipment bei widrigem Wetter im Wald zu übernachten, während sich Johanna nicht sonderlich für besonders herausfordernde Wellen beim Wassersport interessiert.

Vielleicht geht es dir ähnlich, und du hast bei vielen Challenges auch schon das Gefühl, damit die Dinge zu verfolgen, die dir im Leben wichtig sind. Oder es ist für dich schon glasklar, in welche Richtung du gehen möchtest, wenn du dir zum Beispiel die Challenge vornimmst, jeden Tag etwas Mutiges zu tun. Das sind bei dir dann vielleicht nicht das Lernen von neuen Sportarten oder die Übernachtung im Wald, sondern der Einsatz für den Klimaschutz oder für die Gemeinschaft.

Wenn du das schon gut spüren kannst, dann ist dieses Kapitel für dich vielleicht eher eine Bestätigung dessen, was du eh schon fühlst. Möglicherweise schärft sich dann dein Blick auf deine (Lebens-)Entscheidungen beim Lesen dieses Kapitels noch, und du findest ein paar bislang unberücksichtigte Perspektiven – sogenannte Goldkörnchen. Das wäre doch schön!

Vielleicht bist du dir aber auch noch nicht im Klaren darüber, welches deine Werte sind. Oder du hast immer so viele Ziele und Pläne auf dem Zettel, dass du kaum noch dazu kommst, dir zu überlegen, was davon dir wirklich wichtig ist. Du fühlst dich dann, als würdest du im sinnlosen Zickzack hin und her rennen. Möglicherweise bist du dir bei manchen Dingen in deinem Leben nicht sicher, ob das eigentlich etwas ist, was *du* willst, oder ob das eher von jemand anderem kommt. Vielleicht fühlst du manchmal sogar, dass du dich irgendwie in die falsche Richtung bewegst oder deine Energie nicht für das verwendest, was dir eigentlich am Herzen liegt. Dann ist dieses Kapitel sehr wichtig für dich!

Werteorientierung für ein erfülltes, glückliches Leben

Was haben gelebte Werte mit einem gelungenen Leben zu tun? Warum halte ich es für das Beste, dass du deine Werte einfach, so gut du es kannst, verwirklichen solltest, anstatt darüber zu psychologisieren, warum dir das vielleicht schwerfällt? Logischerweise lebst du glücklicher, wenn du das tust, was dir wichtig ist. Erstens fällt es leichter, Tätigkeiten zu verfolgen, die man sinnvoll findet, als solche, bei denen das nicht der Fall ist. Du hältst auch besser Krisen oder Durststrecken aus, wenn du weißt, warum du auf diesem Weg bist. Zweitens fühlt es sich gut an, entsprechend der eigenen Werte zu leben – es löst positive Gefühle aus. Und wie wichtig positive Gefühle sind, ist inzwischen sicher sehr deutlich geworden.

In Johannas beruflichem Umfeld gibt es viele Menschen, die irgendwann in ihrem Leben einen Switch gemacht haben. Eine Kursteilnehmerin von ihr sagt dazu: »Ich habe jahrelang in einer großen Pharmafirma gearbeitet und da echt gut verdient. Gutes Geld, viel Verantwortung, spannende Herausforderungen – eigentlich ein super Job. Was mir gefehlt hat, habe ich in der intensiven Beschäftigung mit der Natur während der Wildnispädagogikausbildung überhaupt erst herausgefunden: echte Lebendigkeit und ein Gefühl der Verbundenheit mit mir selbst und meinem Umfeld. Das beides habe ich in meinem Job nicht gehabt. Es hat ein wenig gedauert, bis ich den Mut fand, meine Stunden in der Pharmafirma zu reduzieren. Zurückblickend kann ich sagen, dass es eine der besten Entscheidungen meines Lebens war. Endlich die Zeit für lange Streifzüge mit meinen Hunden in der Natur und für Camps mit Kindern in den Sommerferien. Seitdem steige ich auch immer tiefer in den Natur- und Artenschutz der Region ein und habe dabei einige neue Freunde gewonnen – Freundschaften, die über oberflächliche Geschäftsbeziehungen hinausgehen und mich wirklich erfüllen. Ich bin jetzt so viel mehr da im Leben, wo ich sein möchte! Es geht mir mit weniger als halb so viel Geld viel besser.«

Wie sich Werte im Leben entwickeln und verändern

Natürlich entstehen die Werte in dir nicht von allein und auf dem Reißbrett. Was im Leben wichtig ist, das bekommst du auch von deinen Eltern und deinem Umfeld als Kind vorgelebt. Und es ist völlig naheliegend, dass du das erst mal übernimmst. Damit haben verschiedene Menschen auch sehr unterschiedliche Startbedingungen, und es kann nicht schaden, das zu reflektieren und sich dessen bewusst zu sein. Allerdings: Auch wenn du schlechte Startbedingungen hattest – heute deine Werte finden und nach ihnen handeln, das musst du selbst, in deinem eigenen Handeln und an jedem Tag! Insofern gilt, gerade falls du dich beim Jammern und Schuldzuweisungen ertappen solltest: Bleib nicht stecken darin, warum dir heute irgendetwas schwerfällt – just do it!

Zumal die Eltern, Geschwister und die Kernfamilie – also die Menschen, die man vom Schicksal zwangsläufig vor die Nase und um sich herum gesetzt bekommt – ja nur ein Teil des sozialen Umfeldes sind. Spätestens ab der frühen Jugend, so etwa ab zwölf Jahren, suchen sich die meisten Menschen ihre Vorbilder zunehmend selbst. Sicher hast du auch schon in jungen Jahren anderen Menschen nachgeeifert als deinen Eltern … Von wenigen Ausnahmen abgesehen – wenn man zum Beispiel in einer sehr engen Sekte aufwächst, die jede Autonomiebestrebung drastisch bestraft – haben wir in unserer Gesellschaft das Glück, recht frei in der Wahl unserer Vorbilder und damit auch unserer Werte zu sein. Und auch wenn du vielleicht bei manchen Themen erst spät auf den Trichter kommst – dein gesamtes restliches Leben liegt genau jetzt in diesem Moment noch vor dir, also, gestalte es so, dass es für dich gut und bedeutungsvoll wird!

Vorbild: Anreiz und Ermutigung

Max und Moritz wohnen beide in Freiburg. Sie haben sich beim Mountainbiken kennengelernt und Max ist für Moritz das heimliche große Vorbild. Max fährt am Wochenende morgens oft schon früh mit dem Zug in den Schwarzwald und steigt gerne auch an Stationen aus, wo er noch nie war. Von dort aus fährt er mit seinem Bike nach Freiburg zurück und erforscht dabei immer neue Routen. Manchmal stößt er dabei auf echte Juwelen und Highlights – mehr als einmal musste er sein Rad aber auch wieder ein Stück tragen, weil es dann echt nicht mehr weiterging ... Max ist in einer Familie aufgewachsen, die mit den Kindern viel draußen war, ihm liegt das im Blut, und es fällt ihm leicht.

Moritz begeistert sich für genau das Gleiche, aber er muss dafür viel mehr innere Hürden überwinden. Seine Familie war eher passiv und bequem, Urlaub gab es pauschal in Spanien oder Italien, und das Wochenende wurde mit Ausschlafen und Faulenzen genossen. Über aktive Sportler im Umfeld herrschte eher die Meinung, dass das Angeber und Wichtigtuer seien. Als er selbst sich sein erstes gebrauchtes Mountainbike kaufte, hat er ordentlich Sprüche in seiner Familie dafür abbekommen. Natürlich ist es für Moritz ein viel größerer Schritt, sich zu überwinden, morgens in die Bahn zu steigen. Und er verliert auch schneller die gute Laune, wenn er sein Rad einmal wieder tragen muss. Aber wenn er es dann doch macht, ist er stolz und glücklich und möchte seinen Sonntag auf keinen Fall anders verbringen! Die Freundschaft mit Max hilft ihm dabei sehr – Max spornt ihn an, zieht ihn ein bisschen mit und gibt ihm das gute Gefühl, damit auf dem richtigen Weg zu sein.

Werte hängen teilweise natürlich auch ab von der Gesellschaft, in der man lebt – und von den Punkten, die diese jeweilige Gesellschaft als Herausforderungen ansieht, denen man sich stellen muss. So galt vielen bis zum Ende des Zweiten Weltkrieges der Nationalismus sicherlich als wichtiger Wert, dessen Bedeutung danach zum Glück in vielen gesellschaftlichen Gruppen völlig zusammengebrochen ist. Für unsere Großeltern, die sich nach dem Krieg ihre Existenzen wiederaufbauen mussten, waren Fleiß, Sparsamkeit und finanzielle Sicherheit sehr hohe Werte. Auf dieser Grundlage konnten sie sich ihr Leben neu erschaffen. Für die Generation der Babyboomer, die beim Eintritt ins Berufsleben auf einen schwierigen Arbeitsmarkt mit hohen Arbeitslosenzahlen trafen, war im beruflichen Bereich die Jobsicherheit ein viel bedeutenderer Wert als für Menschen im arbeitsfähigen Alter heute, die oft die Wahl zwischen verschiedenen Jobs haben. Dafür treibt uns heute die Klimakrise um und Nachhaltigkeit bekommt als Wert eine immer größere Bedeutung.

Werte verändern sich meist im Verlauf des Lebens. Sie hängen immer auch davon ab, welche Aufgaben gerade als besonders wichtig und bedeutend erlebt werden, und das ist in unterschiedlichen Lebensphasen unterschiedlich. Während junge Menschen vielleicht eher darauf ausgerichtet sind, möglichst viel zu erleben und sich auszutesten, stehen im typischen Alter der Familiengründung stärker Sicherheit, familiäre Bindung und gegenseitige Unterstützung bei der Kinderversorgung im Vordergrund. Wenn die Kinder dann groß sind und im Beruf wichtige Schritte geschafft wurden, orientieren sich viele Menschen wieder mehr an dem, was sie jenseits dieser Bereiche mit Sinn erfüllt – Zeit mit Freunden, in der Natur, bei politischen oder bei kulturellen Aktivitäten. Insofern ändern sich Werte über die Zeit sowohl durch gesellschaftliche als auch durch individuelle Entwicklungen.

Das bedeutet auch zwangsläufig, dass die Werte, die Eltern ihren (kleinen) Kindern mitgeben, immer nur eine Auswahl sind aus dem, was das Leben zu bieten hat. Es ist eine wichtige Entwicklungsaufgabe jedes Menschen, die eigenen Werte immer wieder auf den Prüfstand zu stellen, neu zu definieren und sich von dem ein oder anderen auch zu verabschieden.

Wie kannst du deine eigenen Werte finden?

Man kann die eigenen Werte oft viel klarer sehen, wenn man sein Leben wie aus der Rückschau betrachtet. Denn steckt man grade mittendrin, steht immer so viel an, was grade erledigt werden muss. Dann ist es oft gar nicht so einfach zu sehen, wo man grade steht und ob man auf dem richtigen Weg ist. Deshalb spielen viele Übungen zur Analyse der eigenen Werte mit so einer Rückschausituation. Wie möchtest du deinen 80. Geburtstag feiern, mit welchen Gästen, an welchem Ort, und auf was soll angestoßen werden? Etwas makaber könntest du dich fragen: Wer soll zu deiner Beerdigung kommen, was soll bei den Grabreden angesprochen werden, was soll auf deinem Grabstein stehen? Oder netter so: Stell dir vor, du sitzt als Großelternteil mit deinem Urenkel auf dem Sofa und zeigst dem Kind ein Fotoalbum deines Lebens: Was soll auf den Fotos zu sehen sein, welche Geschichten möchtest du erzählen können?

Egal ob Foto oder Beerdigung – es geht hier immer wieder um die gleichen Fragen: Was möchtest du erleben? Mit welchen Menschen möchtest du dich verbunden fühlen? Welche Rolle möchtest du in deinem sozialen Umfeld spielen? Welche Themen sollen in deinem Leben wichtig sein? Denke gerne jetzt ein bisschen über diese Fragen nach, bevor du weiterliest.

Werteübung »80. Geburtstag«

Stell dir vor, du feierst heute deinen 80. Geburtstag. Du hast alle die Menschen eingeladen, die in deinem Leben eine Rolle spielen.

- Wer ist geladen, wer ist gekommen?
- Wo möchtest du feiern?
- Wie ist der Ort, an dem du feierst, geschmückt und hergerichtet?
- Was gibt es zu essen, gibt es ein Programm, was wird gemacht?
- Werden Reden gehalten – und falls ja, was sagen die Redner über dich und über dein Leben?
- Was ist dir wichtig, was sollte hervorgehoben werden?
- Was sollte vielleicht auch nicht so eine große Rolle spielen?

Stell dir das alles ganz lebhaft vor, so, als würde es jetzt passieren. Ganz automatisch wird dir auffallen, was in deinem Leben heute schon gut läuft und wo du deine Energie vielleicht an Stellen, die es eigentlich nicht verdient haben, verschwendest. Dadurch verstehst du besser, welche Werte dir besonders wichtig sind, wo du sie schon gut verwirklichst und wo noch Luft nach oben ist.

Die Suche nach den eigenen Werten kannst du auch mit etwas Kontemplation und Zeit für dich, zum Beispiel in der Natur oder an einem rituellen Rückzugsort wie einer Kirche oder einem Meditationsretreat, verbinden. Viele Menschen nutzen Krisen oder Umbrüche im Leben, um solche Kraftorte aufzusuchen und dort wieder klarer ihren Weg zu finden. Das kannst du auch im Kleinen tun, für ein paar Stunden, bei dir vor der Haustür.

Visionsraum, öffne dich!

Du kannst deine Werte auch bei einer Art Mini-Visionssuche aufspüren. Dabei gehst du mit einer Frage in die Natur und suchst dir eine Schwelle (z. B. einen umgestürzten Baumstamm), über die du bewusst hinübertrittst, um deinen Visionsraum für dich zu eröffnen. Ab dort mäanderst du mehrere Stunden meditativ und fastend, ohne Handy (!) möglichst ziellos durch die Natur. Du lässt dich nur mit einem Stift und Notizblock im Gepäck treiben. Du kannst die Natur betrachten, dich vielleicht auch ein bisschen hinsetzen, die gute Luft atmen und den Geräuschen lauschen. Du kannst Fragen mitnehmen, die dich aktuell bewegen, oder auch klassische Fragen nach deinen Werten wie »Was hat mir in den letzten sieben Tagen besonders viel Freude bereitet?« oder »Wenn ich sterbe, was will ich dann auf jeden Fall in dieser Welt getan haben?«. Mit etwas Ruhe und Versenkung wirst du sicherlich Antworten finden, die dich deinen Werten und dir selbst etwas näherbringen. Wichtig: Gehe auf deinem Rückweg wieder zurück über die Schwelle, um diese besondere Zeit gut abzuschließen.

Mit solchen Übungen kannst du deine Werte sehr gut analysieren. Ob diese Werte aber auch wirklich (noch) zu dir passen, wie du sie genau leben möchtest, welche Werte dir vielleicht doch wichtiger sind als gedacht – das alles kannst du nur erfahren, wenn du deine Werte aktiv lebst. Das ist wie beim Reisen. Du brauchst ein Ziel und musst dir irgendetwas vornehmen, um loszugehen und erst mal eine Richtung einzuschlagen. Und dann stellst du unterwegs vielleicht fest, dass irgendetwas am Wegesrand noch viel spannender oder interessanter ist. Oder du bist am Ziel und merkst dort, dass das, was du dir ganz wunderbar vorgestellt hast, vielleicht doch nicht dein Ding ist. Ohne deine Reise hättest du das nicht herausfinden können.

Wertechallenge für den Alltag: Das mutige Ich

Überlege dir morgens eine Eigenschaft, die du gern haben möchtest. Überfordere dich dabei für den Anfang nicht, indem du gleich »superstrahlend, extrovertiert, erfolgreich« wählst, sondern nimm vielleicht eher »mutig«. Mit der Zeit kannst du dann immer tollkühner werden. Nun zu deinem Vorgehen: Schreibe dir als Anker einen kleinen Zettel, auf dem die gewünschte Eigenschaft draufsteht, und stecke ihn in die Hosentasche (oder poste ihn auf eine Memo-App auf dem Startbildschirm deines Handys). Frage dich dann bei all den Aufgaben, die an diesem Tag so auf dich zukommen: »Wie würde eine mutige Person auf diese Situation reagieren, was würde sie jetzt tun?« Sobald du deine Antwort hast, machst du es genauso (oder so ähnlich, so gut du es eben kannst). Du wirst überrascht sein, wie Gespräche mit dem Chef, mündliche Prüfungen, die Ergebnisse deines Kochens und viele weitere andere Lebensbereiche sich plötzlich entwickeln. Außer »mutig« funktionieren hier Attribute wie »begeistert«, »fürsorglich«, »selbstbewusst« oder »erfolgreich« sehr gut. Am allerbesten funktionieren jedoch jene Eigenschaften, die dir wichtig sind und die du gern an dir stärken möchtest.

Der nächste Schritt ist also, deine Werte mit Leben zu füllen. Im vorherigen Kapitel wollte ich dich in Aktion bringen, denn nur zu *wissen*, dass deine Rückenschmerzen mit mehr Bewegung wohl gelindert würden, reicht eben nicht. Genau so ist es mit deinen

Werten auch. Kennst du diese typischen Stammtischgespräche? Sie sind ein Beispiel für ungelebte Werte: Man erzählt, was für die Gemeinde, das Land oder sogar die Welt besonders wichtig wäre – allerdings in der Regel, ohne Aktivität folgen zu lassen. Auch ein Satz, den Johanna in ihren Kursen immer wieder von ihren Teilnehmenden hört, könnte dir – in anderen Kontexten natürlich – möglicherweise vertraut vorkommen: »Ich liebe die Natur, und es macht mir unglaublich viel Freude, dort Neues zu entdecken und zu lernen – aber ich habe einfach nie Zeit dafür.«

Vom Wert zur konkreten Handlung

Du bist jetzt bis hierhergekommen und weißt mittlerweile, was dir wichtig ist im Leben, welche großen Ziele hinter deinen Handlungen stehen sollen und was für ein Mensch du sein möchtest. Wow, das ist ein großer Schritt in Richtung deines erfüllten Lebens, herzlichen Glückwunsch! Im nächsten Kapitel wird es darum gehen, wie du deine Vorstellungen gut leben kannst. Damit es dir auch wirklich etwas bringt, ist noch ein weiterer Schritt notwendig: Du musst wissen, wie du deine Werte praktisch in großen und kleinen Handlungen im Alltag umsetzen möchtest. Diese großen, bisher theoretischen Wertegebäude müssen also aus praktischen Bausteinen geschaffen werden. Ansonsten werden sie zwar immer gut klingen, dabei aber womöglich keinen wirklichen Einzug in dein Leben halten – weil sie eben nur im Kopf sind.

Stelle dir etwa vor, Johanna erzählt dir, ein aktives, dynamisches und lebendiges Lebensgefühl haben zu wollen. Das klingt super, aber was heißt das? Wie verhält sie sich gegenüber ihrem Körper, im Supermarkt, bei der Jobsuche oder in der Auswahl ihrer Freunde? Für sie bedeutet das, die Ziele »viel Bewegung«, »viel gesunde und abwechslungsreiche Ernährung«, »ein abwechslungsreicher und lebendiger Job« und »authentische, aktive soziale Beziehungen« zu verfolgen. Das klingt fast noch besser, oder? Aber auch hier kannst du dir noch immer nicht so 100 Prozent vorstellen, wie das konkret gehen soll. Deshalb wollte ich es von ihr noch eine Stufe genauer wissen. »Viel Bewegung« bedeutet für sie konkret »mindestens dreimal Sport in der Woche«. »Viel gesunde und abwechslungsreiche Ernährung« heißt, dass sie früh abends immer – bis auf wenige Ausnahmen – Gerichte aus frischem Gemüse oder Salat zubereitet. Einen »abwechslungsreichen und lebendigen Job« hat sie sich selbst anhand ihrer Survivaltrainertätigkeit aufgebaut.

Wenn du aktiv leben und deine Werte umsetzen willst, ist es also gut, dazu immer wieder auch klare und konkrete Ziele zu definieren. Es braucht dabei drei Ebenen:

- Was genau möchtest du in deinem Leben mehr haben (bestimmtes Lebensgefühl, z. B. »aktiv und dynamisch«)?
- Welche Aspekte möchtest du dir dafür in dein Leben holen (bestimmte Tätigkeiten, z. B. Sport und gesunde Ernährung)?
- Was konkret tust du wie oft dafür (konkrete Handlungen mit Zeitangaben, z. B. immer samstags laufen gehen und zweimal in der Woche abends Salat statt Convenience-Food essen)?

Vielleicht ist dir das schon ziemlich klar, vielleicht aber auch noch nicht. Dann nimm dir jetzt etwas Zeit, gerne auch Zettel und Stift, und überlege mit Blick auf deine Werte: Welche Ziele ergeben sich für dich daraus? Wie möchtest du deine Werte leben? Wie setzt du sie ganz konkret um?

Entwicklung: dein Weg, deine Challenges

Mir gefällt das Bild eines »Lebenswegs«, den jede Einzelne von uns geht, sehr gut. Das liegt daran, dass diese Metapher all jene Aspekte vereinen kann, die für ein glückliches Leben meiner Meinung nach von Bedeutung sind. Um auf einem Weg vorwärtszukommen, braucht es eine mentale und physische Grundfitness. Ein Weg kann mal bergauf, mal bergab gehen, ist teilweise leicht zu finden und gut ausgeschildert, liegt dann wieder im Nebel versteckt. Manchmal sind mehr, manchmal weniger körperliche und mentale Kräfte nötig, um auf dem Track zu bleiben.

Ein Weg wäre außerdem kein Weg, sondern nur eine Art zunehmend stark ausgetrampeltes Stück Erdboden, wenn er kein Ziel hätte. Dieses kann sich in leicht erreichbarer Nähe befinden oder weit hinter dem Horizont liegen und damit auch schwerer zu finden sein. Du würdest in diesem Fall manchmal sogar zweifeln, ob du jemals dort ankommst – oder ob es denn überhaupt sicher existiert!

Es geht bei einem Weg auch immer darum, ihn konsequent zu verfolgen, sprich, nicht »vom Weg abzukommen«. Links und rechts des Weges locken verschiedenste Alternativen zu unserem eigentlichen Ziel. Möglichkeiten zum Ausruhen, auf denen man »hängen bleiben kann«. Steilkanten, von denen man »abrutschen« könnte. Vermeintliche Abkürzungen und Irrlichter, die uns »vom Weg abbringen« können. Und natürlich auch gerade dann, wenn der Weg bergauf geht, die manchmal verlockende Möglichkeit, nicht mehr weiterzugehen oder sogar umzudrehen. Um also erfolgreich auf unserem eigenen Weg zu bleiben, kommen jetzt »gute Gewohnheiten« ins Spiel. Sie sind jene zuverlässigen Helfer, die uns von den Irrlichtern und Verlockungen beschützen und deine Laufgeschwindigkeit und damit auch Lebensqualität vervielfachen können.

Wie kannst du nun also ganz konkret deine Lebensqualität steigern? Indem du deinen Werten mithilfe deiner Basis-Skills und adaptiver Gewohnheiten in deinem Leben mehr und mehr Geltung verschaffst! Dazu schlage ich dir auch einige Werkzeuge vor, wie du die emotionalen Hürden und Ängste überwinden kannst, die sich dir beim Loslaufen typischerweise in den Weg stellen. Denn seien es Bequemlichkeit, Ängste, zu viele Aufgaben auf einmal – es gibt viele Hindernisse, die dich davon abhalten, dein Leben nach deinen eigenen Vorstellungen und Werten zu gestalten. Johanna und ich kennen diese auch selbst sehr gut und werden unsere Tricks verraten, wie wir versuchen, mal mehr und mal weniger erfolgreich mit ihnen umzugehen.

Giving is receiving

Bevor wir uns gemeinsam mit dir auf den Weg zu einer höheren Lebensqualität machen, möchten wir noch einen Grundsatz aus der Wildnis- und Survivalszene mit dir teilen. Dieser Satz bringt jene Basis auf den Punkt, die für eine erfolgreiche Umsetzung der Tipps aus den nächsten Kapiteln für dich unverzichtbar ist: »Giving is receiving«. Wörtlich übersetzt bedeutet das so viel wie »Geben ist Empfangen«. Angepasst an unseren Kontext könnte man auch sagen: »Das, was du hineingibst, springt für dich raus.« Der Spruch kommt ursprünglich aus Kontexten, in denen es darum geht, mit anderen möglichst viel zu teilen, möglichst vieles zu verschenken, ohne eine Gegenerwartung dafür zu haben. Er beschreibt, wie einerseits das Schenken bereits eine so große Freude ist, dass sie den Aufwand mehr als entschädigt. Zusätzlich wird bei einer genaueren Betrachtung vieler Situationen, in denen man etwas gibt, klar, wie viel man tatsächlich direkt auch selbst bekommt. Man denke etwa an Mentoringprozesse, in denen man zwar einerseits dem Mentee Hilfestellung bei bestimmten Fragestellungen gibt, in denen man gleichzeitig aber auch selbst viele neue Perspektiven dazulernt. Vielleicht auch an ein Studium, bei dem man besonders viel Kompetenz erlangt, wenn man sich richtig in die Paukerei hineingehängt hat. Oder an Sporteinheiten, die fit, sexy und stark machen, wenn man oft und lange trainiert hat.

Wenn man nur genau genug hinsieht, ist es auch in den meisten anderen Lebensbereichen genauso, dass du gewinnst, wenn du bereit bist, viel hineinzugeben. Für dieses Buch bedeutet das: Baue nicht darauf, dass du nach der Lektüre alles ausreichend weißt, um glücklich zu werden. Hänge dich stattdessen voll rein, und nutze jede Möglichkeit zur Umsetzung der Strategien, die dir vielversprechend erscheinen. Denke mit, fordere dich heraus. Lege dich nicht selbst lahm mit Gründen, warum etwas gerade nicht geht oder passt. Denn ausschließlich das, was du reingibst, wirst du hinterher für dich auch tatsächlich herausbekommen. Und los geht's!

Prioritäten setzen

Selbst wenn dir im Prinzip klar ist, was dir im Leben wichtig ist und wo du hinwillst – es gibt doch andauernd Gründe, auf dem Weg anzuhalten, auf Seitenwege zu geraten, sich irgendwo zu verheddern oder aus welchen Gründen auch immer nicht recht voranzukommen. Wenn du gut Prioritäten setzt und einhältst, dann kannst du es schaffen, deine Werte auch zu leben.

Mit guter Bestimmung und Einhaltung deiner Prioritäten bündelst du deine Zeit, deine Energie und deine Ressourcen für den Weg in die richtige Richtung. Ohne verzettelst du dich und kommst deinen wichtigsten Zielen nicht näher. Johanna hat erst in der Beschäftigung mit Survival wirklich kapiert, dass Priorisierung nicht nur etwas für Selbstoptimierungsfreaks ist. Vielmehr wurde bei langen Aufenthalten in der Natur klar, dass die Entscheidungen, was man als Erstes und was als Letztes erledigt, im wörtlichen Sinne überlebenswichtig sind. Sollst du, wenn du deinen Übernachtungsplatz gefunden hast, zunächst einen Shelter bauen, um nachts nicht zu erfrieren, oder erst einmal einen Spaziergang machen, um die Umgebung zu genießen? Zuerst für Trinkwasser oder für Nahrung sorgen? Seit ihr das »draußen« bewusst geworden ist, achtet sie auch im »zivilen« Alltag vermehrt auf die großen und kleinen Priorisierungen. Dadurch schafft sie es viel besser, gesetzte Ziele mit der ihr verfügbaren Energie auch wirklich umzusetzen.

Prioritäten beachten, das ist natürlich bei großen Lebensentscheidungen wichtig – möchtest du etwa mit deinem Beruf vor allem finanziellen Erfolg oder gesellschaftliches Ansehen erreichen oder dich kreativ verwirklichen? Aber fast noch wichtiger ist die Prioritätensetzung im Kleinen und Alltäglichen – denn sie entscheidet jeden Tag darüber, ob der Tag ein guter Tag wird, der dich deinen Werten näherbringt, oder nicht.

Es gibt jede Menge Techniken und Tricks, die dir helfen können, Prioritäten zu setzen. Viele davon werden vor allem im Management- und Coachingbereich beschrieben und sie beziehen sich oft auf die Setzung von Prioritäten im Berufsleben. Aber du kannst diese Methoden genauso gut einsetzen, wenn es darum geht zu entscheiden, ob du deine noch nicht verplante Zeit heute für einen Spaziergang mit einer Freundin, einen Besuch im Fitnessstudio, dem Organisieren des Elternabends oder mit dem Handy auf der Couch verbringen willst.

Priorisierungstechniken

- **Prioritätenliste/To-do-Liste.** Das ist eine sehr simple Technik. Dafür notierst du alle Dinge, die du machen oder erledigen möchtest. Du kannst dafür ein Notizbuch verwenden oder auch Apps oder entsprechende Funktionen im Kalender. Wenn du das tust, dann erzielst du zum einen den guten Effekt, dass dir nicht mehr alles im Kopf herumschwirrt, was du noch tun möchtest oder erledigen musst – du hast es irgendwo aufgeschrieben und kannst es erst mal ruhen lassen. In der Folge musst du natürlich immer prüfen, welche To-dos du dir vornimmst, welche am wichtigsten sind und welche sich mit der Zeit vielleicht doch von allein erledigen. Last, but not least ist es immer gut, ein To-do auch abzuhaken – entweder war es lästig, dann ist der Haken eine Belohnung; oder es handelt sich um etwas, was dich deinen Werten näherbringt – und dann ist es superwertvoll, dass du dich darum gekümmert hast.
- **Eisenhower-Matrix.** Das ist eine sehr beliebte Managementtechnik, bei der Aufgaben in die Kategorien »wichtig/unwichtig« und »dringend/nicht dringend« eingeteilt werden. Dinge, die wichtig und dringend sind, müssen sofort erledigt werden. Dringende, aber unwichtige Dinge sollte man – vor allem im Managementkontext – am besten delegieren. Bei privaten Angelegenheiten geht das manchmal nicht – dann ist »Quick-and-dirty-Erledigung« oft eine gute Alternative. Wichtige, aber nicht so dringende Angelegenheiten sollte man planen für einen Zeitpunkt, zu dem es besser passt. Und unwichtige und nicht dringende Aufgaben werden einfach nicht erledigt. Achtung: Für unseren Kontext – dein ganzes Leben, nicht

nur deinen Job! – ist entscheidend, dass »wichtig« das ist, was deinen Werten entspricht. Vielleicht findet es die Lehrerin deines Sohnes unglaublich wichtig, dass alle pünktlich zum Elternabend kommen, aber dir ist viel wichtiger, noch ein Telefonat mit einer lieben Freundin gut abzuschließen. Das entscheidest du!

Eisenhower-Matrix

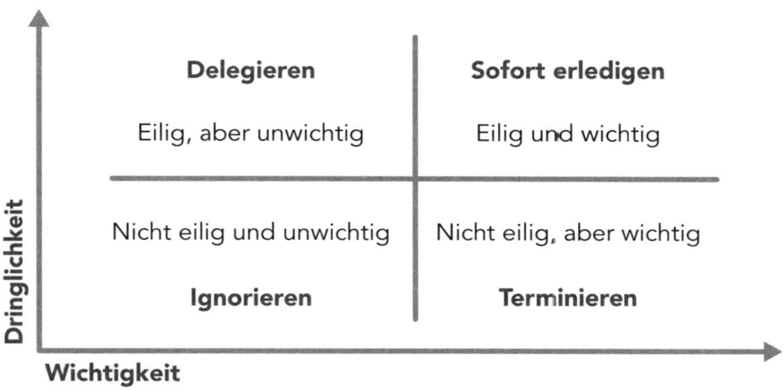

10-10-10-Methode

Diese Technik ist im Prinzip eine ganz einfache und schnelle alltagstaugliche Version von Werteeinschätzungen, wie wir sie mit der Übung zum 80. Geburtstag schon besprochen haben. Sie empfiehlt: Bevor du eine Entscheidung triffst, solltest du dir Folgendes überlegen:

- **Was werde ich in 10 Minuten darüber denken?** Kennst du es, dass du, schon während du eine Anfrage zusagst, genau weißt, dass du dich in 10 Minuten schon darüber ärgern wirst, weil du genau weißt, dass es dir eigentlich weder passt noch Spaß macht …?

- **Was werde ich in 10 Monaten darüber denken?** Dieser Zeithorizont ist vielleicht eher interessant, wenn es darum geht, wo du deinen Urlaub in diesem Jahr verbringst.
- **Was werde ich in 10 Jahren darüber denken?** Diese Perspektive ist vor allem wichtig für große Entscheidungen, zum Beispiel bei einer größeren Anschaffung oder einem neuen Job.

Ich benutze für meine To-do-Listen ein rechtes Sammelsurium – für die Arbeit vor allem die Funktion im digitalen Kalender, für private Angelegenheiten und Einkaufszettel eher eine To-do-App und für all den lästigen Kram, den man irgendwann erledigen muss (Rechnung überweisen, Schuhe zum Schuster bringen, Altglas wegbringen …), Papierzettel mit Punkten, die am Ende des Wochenendes hoffentlich (meistens aber leider nicht vollständig) abgearbeitet sind. Abhaken gibt mir jedes Mal ein gutes Gefühl – auf all diesen Listen.

Wichtige Prioritäten habe ich außerdem immer gegenwärtig. Und wenn Fragen nach Plänen aufkommen, checke ich kurz meine Prio: Was ist mir wichtig? Das wird dann möglich gemacht, selbst wenn es eine kurzfristige Planänderung bedeutet. Andernfalls werde ich es in 10 Minuten bereuen, wenn ich das jetzt zusage – dann spreche ich auch mal ein freundliches, aber klares Nein aus, selbst wenn jemand anderes davon nicht begeistert ist.

Johanna liebt ihre Notizzettel-App auf dem Startbildschirm des Smartphones. Hier werden alle To-dos notiert. Jene, die dringend sind, ganz oben in Großbuchstaben. Jene, die wichtig sind, weiter unten in normaler Schrift. Jedes To-do, das erledigt wurde, wird gelöscht. Das Ziel ist immer ein leerer Notizzettel. Das passiert zwar zugegebenermaßen nicht oft – aber wenn, dann ist das Belohnungsgefühl großartig! Ein schöner Nebeneffekt ist, dass ganz oben auf dem Notizzettel immer die erste Zeile für das aktuelle Ziel (s. o., bspw. ein »mutiges Mindset«) reserviert ist. So sieht sie neben den oft lästigen Aufgaben auch sehr oft am Tag den Ansporn für ihre aktuell trainierten Ziele und Werte.

Häufige Hindernisse

Auch wenn du deine Werte und die Prioritäten, die sich daraus ergeben, völlig klar hast – oft genug klappt es doch nicht, und es kommen andere Dinge dazwischen. Warum eigentlich?

Ablenkung im Alltag

Im Alltag kommt einfach total viel Kram dazwischen und drängt sich in den Vordergrund – und schwups, schon wieder ist der Abend vorbei ... E-Mails, Anrufe, Chats und das Gedaddel auf dem Handy, mit dem man oft so automatisch anfängt, wenn man das Ding nur kurz in die Hand nehmen wollte: Der tägliche ganz normale Wahnsinn grätscht dazwischen. Damit, ob du »bei der Sache bleibst« oder nicht, steht und fällt jedoch dein Erfolg bei dem Verfolgen deiner Ziele. Das muss dir klipp und klar bewusst sein.

Dagegen hilft nur, dafür zu sorgen, dass die Einflüsse, die dich besonders ablenken, nicht zu dir durchkommen. Das ist vergleichbar mit der Stimuluskontrolle: Wenn du keine Süßigkeiten in deine Wohnung lässt, hast du eben nichts Süßes zu essen da. In Bezug auf die Megaablenkung »Smartphone« heißt das, das Handy für eine bestimmte Zeit bewusst zur Seite zu legen, am besten ein paar Meter entfernt, und »digital Detox« zu genießen. Stelle dazu dein Handy lautlos und drehe es um, sodass du auch das Blinklicht nicht sehen kannst. Wenn das nicht reicht, schalte es offline oder sogar aus, damit auch dein Hinterkopf weiß, dass dort keine Nachrichten und Anrufe eingehen werden. Wenn das auch nicht reicht, lege es in einen anderen Raum. Wenn du das Smartphone angeschaltet lassen möchtest, können dir diverse Apps helfen, die die Zeit zählen, seit der du dein Handy nicht mehr aktiviert hast. Solche Apps belohnen dich bspw. mit einem tatsächlich gepflanzten Baum für eine bestimmte Zeit des digital Detox.

Übrigens: Unser Körper und damit auch unser Gehirn benötigt in etwa 15 Minuten, um sich auf ein Projekt so richtig einzugrooven. Deswegen fällt uns das Angehen größerer Aktionen oft so schwer – vielleicht ist dir das auch schon einmal aufgefallen. Die ersten Minuten – sei es beim Joggen, Tippen der Seminararbeit oder Hausputz – laufen oft eher unrund. Danach wird es immer besser, bevor irgendwann Erschöpfung eintritt. Dieses Wissen kannst du bestmöglich für dich nutzen, indem du gut darauf achtest, auch bei kurzen Pausen in deinem aktuellen Projekt – bspw. Gang zur Toilette oder Kaffee kochen – sämtliche Ablenkungen, wie etwa das Handy, wegzulassen. Auch wenn du denkst: »Ist ja nur mal kurz Nachrichten checken«, haut dich das aus deinem Workflow heraus, und du benötigst danach unnötig lange, um wieder in deinem Projekt anzukommen. Eine kurze Unterbrechung ohne Ablenkung ist dagegen oft eine produktive kreative Pause, in der du zwar im Thema bleibst, gleichzeitig aber auch den Fokus etwas herausnimmst. Dadurch finden sich gerade in angemessenen Pausen oft innovative Lösungsideen für eingefahrene Probleme oder es lösen sich beim Sport angehende Krämpfe in den Muskeln.

Überlege dir außerdem genau, welche Programme du auf dem Arbeitscomputer und welche du auf dem Mobiltelefon installierst. Johanna hat auf ihrem Arbeitslaptop beispielsweise keine sozialen Messenger installiert, da es ihren Fokus immer wieder von der Arbeit weglenken würde. Gleichzeitig hat sie auf ihrem Handy keine App, die ihr die beruflichen E-Mails anzeigt. Denn auch von der Freizeit darf man sich nicht durch Gedanken an die Arbeit ablenken lassen!

Eine weitere Ablenkung für viele Menschen sind andere Personen, die vorbeikommen, um »nur mal eben kurz zu fragen/sagen/bitten, ob …«. Diese Einschübe mögen zwar wichtiger und produktiver sein als der Blick auf Social Media. Aus deinem Workflow holt es dich aber genauso heraus. Achte daher darauf, auf der Arbeit Fokuszeiten einzurichten, zu denen du anderen kommunizierst und kenntlich machst, dass du gerade konzentriert am Arbeiten bist und dabei nur im Notfall gestört werden möchtest. Sei dabei auch konsequent, denn dein Umfeld lernt, sämtliche Kopfhörer und »Bitte nicht stören«-Schilder zu ignorieren, wenn du trotzdem auf ihre Anfragen reagierst. Natürlich sind die Anfragen deiner Kinder, Arbeitskollegen und Freunde auch wichtig. Deswegen ist zusammen mit deiner Fokuszeit auch zu kommunizieren, wann du wieder für sie da sein wirst. Sei ihnen und dir zuliebe auch dabei unbedingt zuverlässig!

Insgesamt kann es auch sehr gut helfen, dir eine feste Struktur zu schaffen. Johanna steht beispielsweise, wenn es sich irgendwie einrichten lässt, meist vor ihrem sozialen Umfeld auf. Da sie morgens direkt nach dem Aufstehen besonders produktiv ist, setzt sie sich mit ihrem Cappuccino für einige Stunden an den Computer, um die dort anfallenden Arbeiten zu erledigen. So hat sie mehrere Fliegen mit einer Klappe geschlagen: Sie hat festgelegt, zu welcher Zeit sie täglich E-Mails checkt. Alle dringend anfallenden Aufgaben hat sie vor dem Frühstück bereits abgearbeitet. Sie hat viele Ablenkungen ausgetrickst, da zu dieser Zeit meist niemand wach ist, der sie ablenken könnte – sei es in Person oder via Social Media. Und sie hat hinterher den Kopf frei für die Arbeit draußen oder die Freizeitaktivitäten – je nachdem, was gerade dran ist. Bestimmt fallen dir auch ein paar weitere kleine und häufig super wirksame Tricks ein, die dir schon einmal weitergeholfen haben.

Nicht Nein sagen können

Ein anderer Punkt, den ganz viele kennen, ich auch: Bergeweise Aufgaben anhäufen und mitschleppen, bei denen man es nicht geschafft hat, Nein zu sagen, obwohl es eigentlich gegangen wäre. Manche schaffen das, sich entspannt zurückzunehmen, wenn es Arbeit zu verteilen gibt; dafür gibt es dann auch immer wieder Kandidatinnen, bei denen alles landet. Der Vorsitz beim Elternverein, sich kümmern um die Getränke fürs Afterwork im Büro, irgendwem noch irgendwelche Info raussuchen, auf der Arbeit häufen sich die Kleinigkeiten …

Diese Aufgaben schwirren einem dann im Kopf herum und können diesen ganz schön blockieren. Je länger sie liegen bleiben, desto schlechter schafft man es, sie doch noch abzusagen. Andere warten womöglich darauf und man fühlt sich damit immer schlechter. Kennst du es, dass du irgendwann einer bestimmten Person kaum noch unter die Augen treten magst, weil du genau weißt, dass du ihr irgendetwas versprochen hast, zu dem du einfach nicht kommst? Ich kenne das leider supergut! Im schlimmsten Fall schiebt man deshalb auch noch jede Menge Schuldgefühle vor sich her.

Für diese Fälle ist die 10-10-10-Methode total hilfreich. Oftmals weiß man ja schon in dem Moment, in dem man etwas zusagt, dass man sich gleich darüber ärgern wird. Das findest du den entscheidenden Moment früher heraus, wenn du dich einfach kurz fragst, wie du in 10 Minuten über diese Frage denken wirst – und dann auch nach deinem Gefühl handelst! Dabei gilt, dass du eine Absage nicht unbedingt begründen musst. Es kann aber durchaus helfen, seinem Gegenüber eine kurze Erklärung zu geben – und sei es nur für das eigene bessere Gefühl.

Kommunikation von Prios und Absagen

- Generell gilt: Ein Nein ist ein vollständiger Satz. Du kannst einfach »Nein« antworten, wenn dich jemand um etwas bittet, das du nicht tun möchtest, weil es dich deinen Werten nicht näherbringt und nicht zu deinen unmittelbaren Pflichten gehört.
- Es kann aber helfen, auf die eigene Situation hinzuweisen: »Ich habe gerade schon eine Menge Aufgaben liegen, zu denen ich nicht komme. Ich fürchte, ich schaffe das einfach nicht, nimm es mir nicht übel.«
- Wenn du anderen Personen nicht nur mit einem »Nein«, sondern mit einem Gegenvorschlag begegnen möchtest, nimm die Anfrage ernst, schaue in deinen Kalender, und schätze ein, wann du diese Aufgabe wirklich erledigen kannst: »Ich habe gerade schon eine Menge Aufgaben zu erledigen. Um deinen Wunsch könnte ich mich erst nächsten Donnerstag kümmern. Du brauchst das aber schon früher, sagtest du. Was hast du da für eine Idee, wie wir das machen?«
- Du kannst auch auf die Metaebene gehen: »Ich habe mir vorgenommen, mehr auf mich und meine Gesundheit zu achten und zum Beispiel mehr Sport zu machen. Deshalb muss ich anderswo kürzen. Tut mir leid, dass ich das nicht übernehmen kann.«
- Nicht ganz so schön, aber manchmal auch hilfreich – Absage auf andere schieben: »Ich fürchte, meine Familie wird echt sauer, wenn ich schon wieder mit einer neuen Pflicht heimkomme, tut mir leid!«

Natürlich ist es auch wichtig, sich nicht völlig vom Sozialleben abzukapseln und bei gemeinschaftlichen Aufgaben auch seinen Teil beizutragen. Andererseits bringt es auch nichts, wenn du dir so viele Aufgaben und Pflichten aufbürdest, dass diese sich irgendwann so hoch auftürmen, dass du nicht mehr vorankommst. Dann kämpfst du nur noch mit dieser Bugwelle, anstatt die Themen zu verfolgen, die dir wirklich wichtig sind. Das frustriert dich, führt zu Lustlosigkeit und verhindert jedes Erfolgserlebnis – einfach, weil du gar nicht dazu kommst, das zu erreichen, was du eigentlich willst. Und dafür ist das Leben doch wirklich zu schade!

Wenn du mittlerweile mit so einer Bugwelle lebst, dann steht es an, dass du hier ausmistest. Dazu musst du dir über deine Werte klar werden: Welche Dinge sollen in deinem Leben mehr Platz bekommen? Und welche müssen nun weichen? In der Folge steht dann an, bestimmte Aufgaben, Pflichten, Hobbys oder soziale Kontakte herunterzufahren oder ganz aus dem Leben zu verbannen.

Bei solchen Ausmisteaktionen musst du nicht furchtbar hart sein. Manchmal geht es nur schrittweise, und das ist auch völlig okay. Erstens steckst du in manchen Dingen einfach tief drin, und es wäre den anderen Beteiligten gegenüber echt nicht fair, einfach hinzuschmeißen. Und zum anderen muss dein Umfeld auch mitkommen, wenn du deine Richtung änderst. Das werden wir uns im Kapitel *Beziehungen* noch genauer ansehen.

Johanna und ich sind beide so neugierige und aktive Menschen, dass wir ganz automatisch Meisterinnen im Anhäufen sind. Zum Glück sind wir aber auch sehr gut im sozialverträglichen Ausmisten von Verpflichtungen. Ich habe mir mit der Zeit zum Beispiel bergeweise Aufgaben an Land gezogen, die mich immer erst mal gereizt haben – Vorträge, Workshops, Buchprojekte etc. Aber Aufgaben ziehen Aufgaben nach sich … Aus einem Workshop wurde ein Angebot, das jährlich wiederholt werden sollte; jedes einigermaßen erfolgreiche Buch muss irgendwann für die Folgeauflage überarbeitet werden; ein zufriedener Klient kommt wieder … Irgendwann war das alles nicht mehr zu stemmen. Dann habe ich über ein paar Jahre immer mehr von diesen Aktivitäten heruntergefahren – das ging nicht einfach von heute auf morgen, schließlich waren Vorträge schon angekündigt und Workshops gebucht. Manchmal war es auch schwierig, weil aus den Kollegen, mit denen ich das über die Jahre gemacht hatte, oft auch Freunde geworden waren, und Freunde enttäuscht man ja nicht so gern … Deshalb war es auch logisch, dass das seine Zeit gedauert hat.

An dieser Stelle möchte ich dir noch einen sehr wirkungsvollen Tipp mit auf den Weg geben: Entscheide dich sofort – vor allem wenn es um Dinge geht, die dir mehr Arbeit machen, aber absehbar keine sonderliche Freude bereiten werden. Wenn man in so einer Situation nicht direkt weiß, ob man Ja oder Nein sagen soll, ist das nur selten später besser. Trotzdem schiebt man die Entscheidung häufig noch weiter auf, sagt vielleicht sogar: »Ich denke da noch einmal drüber nach und entscheide mich dann.« Wenn du ehrlich mit dir bist, merkst du jedoch vermutlich, dass das oft nur eine Masche ist, um aus der Situation herauszukommen, in der du dich nicht traust, »Nein« zu sagen. Die Folge ist, dass du dann die nächsten Tage ein schlechtes Gewissen mit dir herumträgst, der andere immer wieder nachfragt und du am Ende vielleicht wieder etwas zusagst, was dir eigentlich zu viel ist, nur weil du später eben auch nicht so einfach aus der »Nicht-Nein-sagen-können-Nummer« herauskommst. Überwinde dich lieber gleich, respektvoll »Nein« zu sagen. So hast du es aus dem Kopf, und die andere kann zusätzlich sogar noch besser planen, weil sie sofort weiß, woran sie ist.

Die Rolle der anderen

Wir leben alle nicht allein auf dieser Welt, und andere Menschen können unsere Entwicklung unterstützen, aber manchmal sind sie damit auch nicht ganz einverstanden. Das ist so ein wichtiges Thema, dass wir das im Kapitel *Beziehungen* noch genauer ansehen werden.

In diesem Buch findest du eine Menge Ideen, was du alles ändern kannst, um endlich *dein* Leben zu leben. Änderst du deine Gewohnheiten, klärst deine Werte und sagst an einer neuen Stelle »Nein«, dann befremdet das deine Mitmenschen womöglich, du wirst für sie plötzlich zu einer etwas neuen Person. Da ist es kein Wunder, wenn sie vielleicht erst einmal einen Schreck bekommen. Irgendwie kann man es ja auch verstehen, dass das Umfeld entrüstet ist darüber, nicht mehr auf dein gewohntes »Ja« zählen zu können. Oder dass es deine neuen Ansichten, die es noch nicht so richtig kennt, erst einmal lächerlich oder bedrohlich findet. Und besonders, wenn es weiß, dass deine neuen Ideen eigentlich sogar gar nicht so verkehrt sind, wehrt es sich vielleicht erst recht gegen die möglicherweise unbequemen Konsequenzen, die mit deiner Veränderung einhergehen. Es war vorher nicht nur für dich, sondern auch für dein Umfeld sehr bequem, dass du zwar über deine Motivationslosigkeit und deine Rückenschmerzen gejammert hast, aber nie wirklich etwas geändert hast. Dass du jetzt eine Stunde früher aufstehen, für dich und die ganze Familie anders kochen und außerdem mehr Bewegung in den Alltag einbauen möchtest, klingt irgendwie für alle anstrengend.

Autonomer leben

Eine stärkere Orientierung an den eigenen Werten und eine Änderung von Prioritäten erfordert ein recht hohes Maß an Autonomie. Dein Umfeld wird dir die Arbeit nicht abnehmen, dein Leben zu verändern und zu verbessern. Du musst dir also – zumindest einigermaßen – selbst sicher sein, dass das der richtige Weg ist, und du musst die Verantwortung übernehmen, das zu entscheiden und zu kommunizieren. Das ist ein großer Schritt, der vielen Menschen sehr schwerfällt, den dir aber niemand abnehmen kann. Höre auf zu hoffen, dass andere sehen, was für dich wichtig wäre, und sich für dich einsetzen, sondern nimm dein Leben selbst in die Hand. Beachte die Hinweise in der folgenden Infobox:

Übernimm die Verantwortung für dich!

Du handelst noch nicht selbstverantwortlich genug, wenn …

- du findest, dass andere deine Bedürfnisse sehen und berücksichtigen sollen.
- du dich manchmal verbittert fühlst und viel darüber nachdenkst, wie ungerecht andere zu dir sind und wie schlimm du dich damit fühlst.
- du glaubst, dass dein Leben erst dann gut werden kann, wenn jemand anderes sich ändert – zum Beispiel weniger narzisstisch wird, weniger trinkt oder weniger aggressiv ist.
- du glaubst, dass du dein Leben erst so richtig leben könntest, wenn dich jemand dabei unterstützt.
- du dich von anderen eingeengt fühlst.
- du dich von anderen ausgenutzt fühlst.
- du überzeugt bist, dass alles gut wird, wenn erst der Prinz auf seinem weißen Pferd vorbeikommt.

Eng zusammen mit dieser Autonomie hängt deine eigene Sichtbarkeit. Sobald du beginnst, deine eigenen Werte aktiv in Taten umzusetzen, anstatt dich eher reaktiv in dein Umfeld einzupassen, wirst du für andere wahrnehmbarer, sichtbarer, angreifbarer. Plötzlich haben die Personen in deinem Umfeld ihre eigene Meinung zu deinen Entscheidungen und Taten. Das gehört dazu, ist vor allem am Anfang nicht immer angenehm, lässt sich aber nicht umgehen. Die gute Nachricht ist: Je mehr Entscheidungen du triffst und je mehr Erfahrungen du dadurch machst, desto besser kannst du dich auf dich verlassen und desto leichter wird dir das fallen.

Sowohl Johanna als auch ich sind in unserem Leben immer sichtbarer geworden. Inzwischen stehen wir beide regelmäßig vor Menschen, sei es als Vortragende, als Supervisorin oder als Ausbilderin. Es war und ist dabei nicht immer leicht, selbstbewusst seinen eigenen Standpunkt zu vertreten. Insbesondere, wenn es um Entscheidungen geht, die andere Personen auch etwas angehen. Uns ist natürlich bewusst, dass andere sich ständig ihre eigenen Gedanken zu unseren Aussagen machen und unsere Handlungen bewerten.

Was dir dabei jedoch helfen kann, ist, dir immer wieder Folgendes bewusst zu machen (stecke dir ein entsprechendes Erinnerungs-Post-it in die Hosentasche): Du lebst deine Werte nicht völlig zufällig, egoistisch und zum Nachteil anderer. Ganz im Gegenteil: Deine Entscheidungen basieren auf in dir tief verwurzelten Werten, die dir in deinem Leben und für die Welt sehr wichtig sind. Johanna und ich setzen uns beide etwa für psychische Stabilität und körperliche Fitness, für Lebensfreude, Erfolgserlebnisse und Authentizität ein. Das Bewusstsein darüber lässt uns dann den Ärger einer Person, der wir dabei auf den Schlips treten, leichter wegstecken.

Gute Gewohnheiten entwickeln und beibehalten

Wenn du gesund leben und tägliche Verhaltens-Basics wie viel Bewegung, gesunde Ernährung oder guten Schlaf wirklich realisieren möchtest, dann kommst du um den Aufbau gesunder Gewohnheiten nicht herum. Und auch viele wichtige Werte – Gesundheit, Sport, gute Beziehungen zu anderen Menschen mit gemeinsamen Interessen – erfordern entsprechende Gewohnheiten. Aber meine Werte leben, etwas für meine Gesundheit tun – das sind doch Ziele, die mich begeistern und für die ich gerne etwas tue, oder? Schon, allerdings ist deren konsequente Umsetzung leichter, und du profitierst auch von der regelmäßigen Wiederholung, wenn sie zur Gewohnheit werden. Das Leben besteht zu großen Teilen aus Gewohnheiten, und das ist prinzipiell auch gut so. Denn Gewohnheiten erfordern wenig Hirnkapazität. Es sind die eingefahrenen Autobahnen, auf denen du dich immer bewegst. Das mag dein Gehirn, da muss es nicht viel wahrnehmen, abwägen, Ergebnisse antizipieren und mühsam entscheiden, sondern kann – zack – einfach das Verhalten ansteuern, das es immer ansteuert. Dann ist seine Kapazität frei für die Ereignisse und Entscheidungen, die eh noch jeden Tag dazukommen. Dein Alltag besteht deshalb zu einem großen Teil aus automatischen, unbewussten oder halb bewussten Handlungen, über die du gar nicht mehr groß nachdenkst.

Gewohnheiten können gesund oder ungesund sein, deinen Werten entsprechen oder ihnen widersprechen. Bei den meisten Menschen ist das sicher eine Mischung. Zum Beispiel ertappe ich mich einerseits immer wieder dabei, wie ich auf dem Handy herumdaddele und eigentlich gar nicht mehr weiß, warum ich es in die Hand genommen habe … Der Stimulus »aufs Handy gucken« ist einfach zu fest verbunden mit »darauf herumspielen« und das Hirn mag diese leichte Kost. Andererseits schnüre ich fast jeden Morgen (außer bei deutlichem Regen) die Laufschuhe und gehe eine Runde joggen – auch das erfordert aber kein großes Nachdenken und keinen Motivationsaufbau mehr, ich mache es einfach.

Nun ist es dummerweise so, dass ungesunde Gewohnheiten ganz einfach von selbst entstehen. Denn das sind immer (immer,

immer …) solche Verhaltensweisen, die kurzfristig angenehm sind und nur langfristig zum Problem werden. Die Tabelle rechts ist sicher nicht vollständig, aber sie zeigt das Prinzip.

Sich gesunde Gewohnheiten aufzubauen, ist erst mal viel schwieriger: Denn dazu muss man sich aufraffen, die eigene Komfortzone zu verlassen, und unter der kuscheligen Decke hervorkriechen, die Schokolade liegen lassen (oder gar nicht erst einkaufen), das Handy weglegen, sich gegen die bequemen, aber ungesunden Essensgewohnheiten der Familie durchsetzen … Mit der Zeit lohnen sich diese neuen Gewohnheiten dann massiv, denn du machst damit viel mehr von dem, was du eigentlich willst. Du fühlst dich wohler und bist mit deinem Leben zufriedener. Außerdem reduzierst du dein Risiko für praktisch alle chronischen Krankheiten, wie wir im Kapitel *Basics: Kraftquellen für dein Leben* schon besprochen haben. Du bist gesünder, lebendiger und erhöhst deine Wahrscheinlichkeit, länger zu leben.

Tricks und Techniken zum Ausbau gesunder Gewohnheiten

Wenn du in deinem Leben mehr gesunde Gewohnheiten etablieren möchtest, musst du natürlich andererseits versuchen, die schlechten loszuwerden oder zumindest etwas abzubauen und durch gute, gesunde Gewohnheiten zu ersetzen.

Eine meiner schlechten Gewohnheiten ist zum Beispiel der automatische Griff in die Keksdose, wenn ich in der Büroküche daran vorbeikomme. Da er völlig automatisiert ist, brauche ich dafür einen guten Ersatz. Ich versuche häufig den Giftvorstellungstrick (siehe Seite 98), um mir die Kekse abzugewöhnen. Eine Alternative sind gesunde Snacks, z. B. Obst, die ich natürlich morgens einpacken muss. Du könntest mit den Kollegen besprechen, keine Kekse mehr nachzukaufen. Oder – falls es darauf keine Einigung

	Kurzfristige Folgen	**Langfristige Folgen**
Ungesunde Gewohnheiten, z. B. Süßigkeiten naschen, Alkohol trinken, auf dem Sofa sitzen bleiben, am Handy daddeln …	▸ ist bequem und gemütlich ▸ ist lecker ▸ macht gute Laune ▸ fühlt sich komfortabel an ▸ ist schön warm und kuschelig ▸ ist ganz leicht ▸ ist in Gesellschaft gern gesehen ▸ …	▸ macht dick ▸ macht unfit ▸ macht krank ▸ macht unzufrieden ▸ …
Gesunde Gewohnheiten, z. B. Sport machen, gesund essen, kalt duschen, neue Dinge üben …	▸ ist anstrengend ▸ ist unbequem und ungemütlich ▸ erfordert Aufraffen ▸ ist nicht so lecker (zumindest am Anfang) ▸ kann erst mal frustrierend sein ▸ verkompliziert erst mal das soziale Zusammenleben ▸ …	▸ verbessert die Gesundheit: weniger Schmerzen, weniger Depression, mehr Fitness ▸ macht zufrieden und glücklich ▸ macht stolz und gibt das Gefühl, richtig unterwegs zu sein ▸ …

gibt – gar nicht erst in die Küche gehen … Aber das wäre irgendwie auch schade.

Die Reduktion von schlechten Gewohnheiten war auch schon Thema im Kapitel *Verhaltens-Basics*. Stimuluskontrolle ist dir schon ein Begriff – dass es am besten ist, wenn du die Dinge, die dich verführen, einfach gar nicht zur Hand hast. Kennst du z. B. diese hübschen bunten Schokoladenkügelchen, die es in der Weihnachtszeit in allen Farben und niedlicher kleiner Größe gibt? Sieht wahnsinnig niedlich aus als Deko … verführt aber leider dazu, jedes Mal eine zu schnappen, wenn man dran vorbeigeht, gerade weil sie so klein sind. Deshalb habe ich diese Pralinékugeln schweren Herzens aus meiner vorweihnachtlichen Wohnung verbannt, reiche sie nur noch zum Adventskaffee und kaufe sie dann erst genau einen Tag davor! An allen anderen Tagen schlage ich einen Bogen um all die Verkaufsinseln mit Weihnachtsleckereien, die mich verführen wollen. Das kostet mich jedes Mal etwas Energie, aber dafür muss ich daheim keinen Süßigkeiten mehr widerstehen.

Ein bisschen soziale Kontrolle hilft häufig auch, das haben wir ja auch schon besprochen – also anderen sagen, dass du weniger naschen, weniger trinken, weniger rauchen willst. Dann wirst du hoffentlich weniger damit bedrängt und vielleicht unterstützt dich die ein oder andere Person aus deinem Umfeld sogar. Du wirst sicherlich feststellen, dass andere oft ganz ähnliche Ziele haben!

Dabei wäre es aber garantiert kein sinnvolles Ziel, alle ungesunden Gewohnheiten ablegen zu wollen … vielleicht gibt es Lichtgestalten, die das schaffen – aber für die meisten von uns ist es absolut unrealistisch. Es geht nicht darum, perfekt zu sein, sondern einfach ausreichend viele gesunde Gewohnheiten zu haben.

Es gibt auch viele psychologische Techniken, die gesundes und werteorientiertes Verhalten unterstützen. Die gesamte Verhaltenstherapie könnte man im Grunde als ein großes Paket an Maßnahmen sehen, die genau dieses Ziel verfolgen. Es geht immer wieder darum, eine gesunde Tagesstruktur aufzubauen, die eigenen Hürden, Ängste und Sorgen zu überwinden und die Disziplin zu entwickeln, mehr von dem zu machen, was man eigentlich möchte. Ich habe aus den vielen Techniken und Vorschlägen zwei herausgesucht, die ich für mich selbst und für meine Klienten besonders hilfreich finde. Bei beiden Techniken ist es relativ egal, ob du im engeren Sinne Lust darauf hast, deine neue gesunde Gewohnheit durchzuführen – es geht einfach darum, es immer wieder zu machen und damit neue automatische Muster in deinem Leben zu etablieren.

Techniken zum Aufbau gesunder Gewohnheiten

- **Mini-Habits.** Das Konzept der Mini-Habits oder Mini-Gewohnheiten hat vor allem Stephen Guise international bekannt gemacht.[35] Es basiert auf der Idee, dass die höchste Hürde für den Aufbau von gesunden Verhaltensweisen eigentlich die Überwindung ist, es zu tun. Wenn du dir zum Beispiel vorgenommen hast, regelmäßig joggen zu gehen, dann ist der größte und schwierigste Schritt, die Laufsachen und -schuhe anzuziehen und aus der Tür zu treten. Sobald du das Haus verlassen hast und die ersten Schritte gejoggt bist, klappt der Rest fast von allein. Mit den Mini-Habits übst du genau diese Überwindung. Dabei sind deine Pläne »hinter der Überwindung« am Anfang so klein, dass sie eigentlich nur ganz wenig Überwindung benötigen. Zum Beispiel kannst du als ersten Mini-Habit deine Laufklamotten und -schuhe anziehen und damit dann einmal um den Block spazieren. Als Nächstes könntest du einmal um den Block joggen. Das dauert höchstens fünf Minuten, aber du hast dich aufgerafft! Natürlich ist die Idee dahinter, dass du das gesunde Verhalten dann allmählich steigerst – und das passiert praktisch von selbst: Wenn du erst mal draußen bist, dann steigt die Chance, dass deine Laufschuhe mit dir durchbrennen.

- **Wenn-dann-Regeln.** Diese Technik beruht auf der Idee, dass man gesunde Gewohnheiten, die man aufbauen möchte, am besten schon in der Planung ganz fest verknüpft mit Dingen, die man im Alltag ohnehin macht. Die werden dann mit »wenn – dann« verknüpft. Zum Beispiel: »Wenn ich Dienstag früher Feierabend habe, dann gehe ich noch beim Wochenmarkt vorbei, um Gemüse für ein gesundes Abendessen einzukaufen« oder »Wenn ich mittwochs die Kleine in die Kita bringe, nehme ich die Schwimmsachen mit und gehe dann sofort schwimmen«. Solche konkreten Pläne erhöhen die Wahrscheinlichkeit, dass du die neue Gewohnheit auch wirklich durchführst. Trage diese am besten auch in deinen Kalender ein.

Vielen Menschen gibt es auch Kraft, wenn sie neue Gewohnheiten in Form von kleinen Ritualen im Alltag etablieren. Du könntest dir zum Beispiel jeden Morgen Zeit für eine kleine Morgenreflexion nehmen und dabei auch überlegen, welchen Schritt du heute in Richtung deiner Werte und Ziele gehen möchtest. Das Dankbarkeitstagebuch oder das Fünf-Minuten-Journal (siehe Seite 129) ist dafür auch eine gute Möglichkeit. Solche kleinen Gewohnheiten helfen dir, dich immer wieder so auszurichten, wie du es eigentlich möchtest.

Wichtige Hindernisse beim Aufbau neuer Gewohnheiten

Die wichtigsten Hindernisse beim Aufbau neuer Gewohnheiten sind einerseits der innere Schweinehund und andererseits das soziale Umfeld. Dabei sind andere Menschen in unserem ganzen Zusammenhang ja so ein wichtiges Thema, dass es dazu im Anschluss ein eigenes Kapitel gibt.

Was den Schweinehund angeht: Genau dafür, um mit diesem besser klarzukommen, sind Techniken wie Wenn-dann-Regeln und Mini-Habits erfunden worden. Auch so etwas wie die 10-10-10-Technik – ein klein wenig in die Zukunft schauen, und schon spürst du besser, wie gut es wäre, sich jetzt zu etwas aufzuraffen (etwa die App zum Lernen deiner neuen Fremdsprache aufzumachen) oder mit etwas aufzuhören (z. B. sich kein weiteres Glas Rotwein einzuschenken) … das kann dir auch helfen, den Schweinehund zu entmachten.

Abgrenzung zwischen schlechter Gewohnheit und Abhängigkeit

Es ist wichtig hinzusehen, ob sich unsere schlechte Gewohnheit noch als »Schweinehund« labeln lässt, den man halt vom Sofa schubsen muss – oder ob wir womöglich ein Suchtproblem haben. Zigaretten z. B. machen stark abhängig, und es wird in aller Regel nicht klappen, »einfach mal ein bisschen weniger zu rauchen«. In solch einem Fall ist die Voraussetzung für den Erfolg der Gewohnheitsänderung, sich die eigene Abhängigkeit einzugestehen und das ganze Thema mit mehr Ernsthaftigkeit anzugehen – vielleicht auch mit professioneller Unterstützung oder zumindest einer gezielten Selbsthilfe wie einer Nichtraucher-App oder entsprechender Lektüre. Der Übergang zwischen schlechter Gewohnheit und Sucht ist fließend und solche Gewohnheiten können sich im Leben auch mal mehr und mal weniger ausgeprägt zeigen.

Aber die Verantwortung dafür liegt am Ende immer bei dir. Es gibt viele Menschen, die in Therapie oder Beratung kommen mit dem Anliegen, irgendetwas in ihrem Leben endlich hinzubekommen – häufig geht es dabei z. B. darum, Übergewicht loszuwerden oder ein Studium endlich abzuschließen. Sie kommen oft mit einer Art heimlichen Hoffnung, dass eine Psychologin irgendwelche Zaubertricks auf Lager hätte, mit deren Hilfe das auf einmal leicht und ohne Anstrengung ginge. Das ist aber nicht so, solche Mittelchen gibt es nicht … am Ende musst immer du dich selbst überwinden, und du musst deine Pläne selbst umsetzen.

Dafür darfst du dich auch feiern, wenn du es schaffst! Und du kannst damit rechnen, dass sich der Prozess der gesunden Gewohnheiten mit der Zeit selbst verstärkt. Denn die Überwindung, die du benötigst, wird immer geringer. Und du merkst die positiven Konsequenzen – und das ist die beste Motivation, die es geben kann!

Johanna hat bei sich selbst beobachtet, dass der Schweinehund eigentlich ein sehr lieber Kerl ist. Er ist ein Wachhund, der auf zwei Dinge aufpasst: (a) dass sie keine Angst haben muss und (b) dass sie in ihrem Energiesparmodus sein kann. Sobald etwas, was sie vorhat, einen dieser beiden Aspekte bedroht, schlägt er an. Das heißt, wenn Johanna vorhat, etwas zu tun, was sie aus der Komfortzone bringt, sprich Ängste in ihr weckt, will er sie sofort beschützen. Genauso auch, wenn eine Anstrengung ansteht, sei es mental oder physisch. Er versucht, sie zu beschützen, indem er ihr erzählt, wie gut ihr Leben eigentlich auch so schon ist, ohne dass sie sich dieser »bedrohlichen« oder »anstrengenden« Situation stellen muss. Manchmal vermittelt er ihr neben der allbekannten Unlust plötzlichen Bärenhunger, bleierne Müdigkeit oder sogar leichte Krankheitssymptome wie Kopfschmerzen – je nachdem, was gut funktioniert. Seit Johanna das so klar verstanden hat, fällt es ihr leichter, dem Schweinehund zu antworten: »Besten Dank für deine Bemühungen, aber heute WILL

ICH aus der Komfortzone, weil ich weiß, dass es mir guttut, mich mal anzustrengen, und das mache ich jetzt auch, ätschebätsch!«

Die Komfortzone erweitern

Das Leben ist voller Herausforderungen. Das kann sehr kräftezehrend und unangenehm sein – vor allem, solange du nur wenige Handlungsideen hast und reaktiv mit Situationen umgehst. Je mehr Erfahrungen du jedoch in der Hinterhand hast und je ruhiger und flexibler du im Anblick einer neuen Herausforderung bist, desto mehr Spaß wirst du in schwierigen Situationen finden und desto mehr neue und schönere Wege wirst du gehen. Versprochen! Wenn du das Training, was du dafür brauchst – ein regelmäßiges Ausbrechen aus der Komfortzone –, durchführst.

Deine Werte sind die Richtung für deinen Weg, und mit guten Gewohnheiten stellst du sicher, dass du ihn in dieser Richtung auch immer weiterwanderst. Aber vermutlich möchtest du aus einem Leben voller kleiner Ansprüche raus in ein erfülltes Leben voller Souveränität und Flexibilität, möchtest neue Wege gehen, vielleicht einen schwierigeren Gipfel erklimmen, mal noch etwas anderes ausprobieren oder schneller vorankommen. Das sind alles Situationen, in denen du eine große Komfortzone benötigst, was vermutlich heißt, dass du deine Komfortzone verlassen musst. Das bedeutet: dich herausfordern und etwas tun, vor dem du bisher zurückgeschreckt bist oder was du dich nicht getraut hast – aus Angst, aus Bequemlichkeit oder weil es einfach so neu ist und du das Gefühl hast, das kannst du nicht, und du weißt nicht, wie das geht. Johanna und ich verlassen fast täglich zumindest für kurze Zeit unsere Komfortzone. Manchmal aus Notwendigkeit, oft aber auch einfach zu Trainingszwecken und weil wir inzwischen beide jeweils oft Spaß daran finden.

Noch einmal einen kurzen Schritt zurück: Du kannst natürlich auch innerhalb der Grenzen deiner Komfortzone ein schönes Leben haben. Es fühlt sich relativ absehbar und überschaubar an. Wenn du eine Person bist, die das Gewohnte schätzt, sind unsere Schilderungen eines Lebens mit steter Erweiterung der Komfortzone vielleicht sogar eher abschreckend. Das ist gut nachvollziehbar. Andererseits solltest du dir bewusst machen, was die Entscheidung für ein Leben in der gewohnten Komfortzone bedeutet: Du wirst dich nur wenig persönlich weiterentwickeln – weil du wenig wirklich neue Erfahrungen machst. Herausforderungen werden statt neuer Chancen unangenehme Probleme bleiben, die du irgendwie löst, damit sie halt gelöst sind. Dein Körper wird vermutlich relativ schnell ernsthafte Zipperlein bekommen, weil er stets auf die gleiche Art belastet wird. Und dein soziales Umfeld könnte dich irgendwann langweilen, weil ihr immer die gleichen Themen wälzt.

Im Gegensatz dazu steht ein Leben, das sich so weiterentwickelt, wie du es dir vielleicht wünschen würdest. Die »Broaden and Build«-Theorie der positiven Psychologie, die (auf Seite 118) schon erwähnt wurde, baut zum Beispiel genau auf die Erweiterung der Komfortzone. Neugier, die Lust am Erkunden oder der Ehrgeiz, etwas Neues zu lernen, treiben dich dazu, deine Komfortzone zu verlassen und neue oder anstrengendere Dinge zu tun. Belohnt wirst du durch neue Erfahrungen und den Stolz, der sich einstellt, wenn du dich zu etwas überwunden oder etwas Neues gelernt hast. Die Aktivitäten, die bisher schon in deiner Komfortzone waren, werden immer leichter. Und du lernst die Welt kennen und kannst dich in immer mehr neuen Situationen gut zurechtfinden. Deine Möglichkeiten werden immer reichhaltiger.

Positive Gefühle helfen also einerseits, den Schritt aus der Komfortzone zu wagen; andererseits sind sie die Belohnung dafür. Umgekehrt kann das Verharren in der Komfortzone mit der Zeit auch von negativen Gefühlen begleitet sein – vielleicht Frust darüber, bestimmte Dinge nicht zu tun; Neid auf andere, die sich das trauen;

oder die Ängste, die dich in der Komfortzone halten und die du niemals überwinden kannst, wenn du dich ihnen nicht stellst. Eine große Motivation, sich zumindest ein wenig mit der Ausdehnung der Komfortzone zu beschäftigen, kann es sein, wenn man an anderen beobachtet, wie die Komfortzone von Menschen, die selbige nicht aktiv vergrößern, mit der Zeit von allein immer kleiner wird. Diese Personen erstarren regelrecht, haben immer weniger Handlungsoptionen, werden immer unflexibler und unlebendig. Wer möchte das schon, dass das Leben immer beschränkter wird?

Dabei ist grade beim Verlassen der Komfortzone viel Mut nötig – und zusätzlich natürlich all jene Haltungs-Basics, die wir im entsprechenden Kapitel schon besprochen haben. Wenn du optimistisch und entspannt an Neues herangehst, ist die Erfolgswahrscheinlichkeit viel höher, als wenn du dauernd nur über mögliche Katastrophen nachdenkst und Angst vor all dem hast, was schiefgehen könnte. Es wird garantiert erst mal viel schiefgehen, aber das macht nichts, und du lernst dabei eine Menge.

Johanna freut sich inzwischen oft, wenn sie richtig doofe Situationen erlebt. Warum? Weil Situationen, die nicht so laufen, wie gewünscht, in denen man Schwierigkeiten zu bewältigen hat und in denen man überfordert ist, die Turbos für die Erweiterung der Komfortzone und der persönlichen Entwicklung bilden. Optimismus, Flexibilität, soziale Kompetenz, Vertrauen in das Leben und Selbstbewusstsein kannst du am allerbesten hier trainieren. Die wichtigste Voraussetzung dafür: Du darfst dir in keinem Moment erlauben, in die Opferrolle zu gehen, sondern musst, so gut du irgend kannst, aufrecht stehen bleiben und in der Situation nach Lösungen suchen. Manchmal ist ein höflicher Rückzug aus der Situation die beste Lösung, und das ist dann auch okay. Oft gibt es jedoch auch spontane Lösungen, auf die du vorher nie gekommen wärst und die dich die Situation stolz bewältigen lassen.

Meine Expansionen meiner Komfortzone haben viel mit Outdoorsport zu tun, davon habe ich ja schon berichtet. Angefangen hat es mit Snowboardfahren – da hat meine Familie mich mitgeschleppt, als die Kinder das lernen wollten. Und ich stand bibbernd oben am Babyhang und hatte Angst vor jeder Kurve. Das hat schon eine ganz schöne Weile gedauert, bis der Babyhang keine Challenge mehr war … und dann ging es weiter auf die rote Piste im Schwarzwald und klar auch in die Alpen. Neue Skigebiete, unbekannte Pisten, neblige Wetterbedingungen – ich kann nicht zählen, wie oft ich mich gefürchtet und am Anschlag gefühlt habe. Aber die Belohnung ist gigantisch: Mittlerweile traue ich mich in jedes Skigebiet, verstehe den Pistenplan und weiß auch, welche Pisten ich vielleicht *nicht* zum ersten Mal ausprobieren sollte, wenn der Nebel so dicht ist, dass man die Hand vor den eigenen Augen nicht sieht … Dann ist es auch okay, sich einfach mal eine Stunde für ein zweites Frühstück in die Hütte zu setzen!

Andererseits ist es aber genauso wichtig, auf die eigenen Grenzen zu achten. Denn es macht absolut keinen Sinn, einen riesigen Satz aus der Komfortzone herauszumachen und dann in einem Bereich zu landen, in dem du dich gar nicht mehr auskennst und nur noch bibberst vor Angst. Das ist dann keine Bewältigungserfahrung, sondern vergrößert Ängste und ist im schlimmsten Fall sogar gefährlich, wenn du z. B. in Flipflops die Zugspitze besteigen willst, obwohl du bisher maximal auf Forstwegen im Schwarzwald gewandert bist. Die Verantwortung dafür hast du selbst zu tragen – sich Ängsten zu stellen, bedeutet nicht, einfach naiv alles auszuprobieren.

Eigentlich kann man die Erweiterung der Komfortzone immer und überall trainieren. Besonders gut sichtbar werden die Möglichkeiten dafür, wenn Johanna mit ihren Klientinnen in der Wildnis arbeitet. Denn dort befinden sich meist alle schnell in irgendeiner Weise am Rand oder außerhalb ihrer Komfortzone. Für manch einen mag es das Wetter sein, der ungewohnte Tagesablauf, das Fehlen gewohnter Sitzmöbel, die einfachere Ernährung. Egal, ob man besser darin werden möchte, draußen klarzukommen, oder ob man mehr Freiheit im normalen Alltag möchte – das Ziel ist die Erweiterung der Komfortzone. Dabei ist Johanna einerseits wichtig (bei sich selbst und bei ihren Klientinnen), dass die Motivation zur Überschreitung der Komfortzone unbedingt bestärkt wird. Gleichzeitig ist immer Unterstützung erlaubt und geboten, sobald dies zu Überforderung führt. Johanna ist so über die Jahre in immer wilderen Situationen immer entspannter geworden. Auch melden viele Teilnehmende ihrer Kurse zurück, dass sie nicht nur mit neuen Survivalfähigkeiten, sondern auch innerlich gestärkt aus den Seminaren herauskommen.

Johannas ultimative Komfortzonen-Challenge: »Shame-Exercise«

Außerhalb der Komfortzone fühlt man sich per Definition erst einmal sehr unwohl. Eine Gelegenheit, die einerseits auf Abruf möglich ist und andererseits einen garantiert sehr schnell aus der Komfortzone katapultiert, ist eine peinliche Situation. Und genau darum geht es: Überlege dir ein Setting, das zwar nicht objektiv schlimm, dir selbst aber maximal peinlich ist.

Das kann entweder einfach etwas Doof-Peinliches sein, das so absurd wie möglich ist. Vielleicht ziehst du dich komplett pink an, setzt eine sehr große Brille auf, stellst dich an die Straße und erzählst allen Passanten lautstark, dass du dich gerade auf dem Weg in das deiner Meinung nach hier sehr nahe gelegene Erlebnismuseum für Astrophysik befindest. Vielleicht gehst du auch lieber mitten auf den Marktplatz, um dort eine selbst ausgedachte Choreografie zu einem besonders bekannten Schlager

einzuüben. Oder du fragst sämtliche Verkäufer eines Drogeriemarktes jeweils mehrfach danach, ob sie nicht doch vielleicht 5-Liter-Gebinde Sauerkrautsaft haben, du hättest doch diese Verdauungsprobleme, die schon dein Opa damals hatte und die du nur mit großen Mengen dieses Saftes in den Griff bekommen könntest … Eine Alternative dazu besteht darin, etwas auszuprobieren, was dich vielleicht schon immer interessiert hat, aber auch nicht einfach umzusetzen ist. Dazu gehört vielleicht, in einen Sexshop oder -klub zu gehen oder etwas auszuprobieren, bei dem du dich am Anfang garantiert blöd anstellst. In solchen Situationen lernst du, die ganzen unangenehmen Gefühle auszuhalten und dich dabei nach und nach sogar zu entspannen. Wer ab und an eine solche Challenge besteht, bleibt also auch in schwierigen Situationen, in denen sie vorher nur noch im Boden versinken wollte und einem Blackout nahe war, relativ gelassen.
Wichtig dabei: Erzähle einer befreundeten Person davon, was du vorhast, wann du es realisieren wirst, und vor allem auch hinterher, wie es war. So profitierst du einerseits von der sozialen Kontrolle und außerdem habt ihr gemeinsam eine Menge Spaß!

Dabei kann es dir sehr helfen, wenn du dir Mitstreiter suchst. Entweder macht ihr zusammen einen Anfängerkurs in irgendetwas und teilt die Erfahrung. Oder du hast Freunde, die z. B. schon Snowboard fahren können und dich mitziehen. Achtung: Dann ist es wichtig, dass die auch ein wenig auf dich achtgeben, Verständnis für deine Hürden haben und dich nicht völlig überfordern. Sonst machst du keine gute Erfahrung.

»Einfach machen« ist häufig ein guter Weg für den Sprung aus der Komfortzone. Auch wenn es dich gruselt oder du keine Lust hast: Wenn du den Schritt gehen willst, musst du ihn halt tun. Und genau dabei helfen dir unsere Haltungs-Basics Gelassenheit und Optimismus; zu jammern und den Teufel an die Wand zu malen, hilft dagegen gar nicht.

Raus aus dem Alltagstrott

Wie gut kennst du bereits deine Gegend? Gehe mehrmals die Woche direkt von deiner Haustüre aus spazieren oder laufen, ohne ein Navigationsdevice zu nutzen. Gehe dabei nie zweimal denselben Weg, sondern biege mindestens einmal anders ab als sonst. Wenn du nicht mehr sicher weißt, in welcher Richtung es nach Hause geht, gehe denselben Weg zurück, der dich hergeführt hat. Diese Touren müssen nicht groß oder kompliziert sein, sondern ganz im Gegenteil so, dass du sie dir selbst gut merken kannst. Vielleicht traust du dich beim ersten Versuch sicherheitshalber nur, deine Straße in die eine Richtung hoch- und dann wieder zurückzulaufen. Beim zweiten Mal erkundest du dann bereits deine erste Querstraße. Vor und nach der Runde auf eine Karte zu gucken, ist erlaubt und erwünscht, um deinen Orientierungssinn zu stärken!

Hindernisse bei der Erweiterung der Komfortzone

Den Schweinehund haben wir jetzt schon ein paarmal thematisiert – er ist natürlich auch ein großer Gegner im Kampf um die Erweiterung der Komfortzone … Und wie wichtig andere Menschen dafür sind, im Guten wie im Schlechten – dazu kommen wir gleich noch genauer.

Weitere wichtige Hindernisse können auftreten, wenn einfach die Infrastruktur oder die Ressourcen fehlen, um die Schritte zu gehen, die du gerne gehen würdest. Skiurlaub in den Alpen muss man sich erst mal leisten können; der Wald ist ganz schön weit, wenn du mitten in der Stadt wohnst; und regelmäßig schwimmen gehen kann ein Traum bleiben, wenn du kleine Kinder hast und du deren Kitazeiten komplett für deinen Job brauchst.

Für diese Hindernisse sind die Haltungs-Basics einfach unerlässlich. Es heißt erst mal zu akzeptieren, dass es ist, wie es ist – auch wenn es schön wäre, wenn es anders wäre. Wenn die Wochenplanung keine drei Schwimmbadbesuche zulässt, geht vielleicht einer. Statt Skilaufen in den Alpen vielleicht erst mal eine Schneeschuhwanderung im Harz. Statt einer Stunde Spaziergang im Wald lohnt es sich, einmal in die Winkel zwischen den Häusern deiner Stadt zu gucken – dort ist von wildwuchernden Pflänzchen bis hin zu Füchsen und anderen Tieren erstaunlich viel Wildnis zu finden. Die Erweiterung der Komfortzone ist zum Glück ein lebenslanges Projekt, und das Konto erlaubt vielleicht erst in zehn Jahren den Skiurlaub, wenn die Kinder aus dem Haus sind – du findest unterdessen andere Möglichkeiten, deine Bedürfnisse auszuleben!

Über sich hinauswachsen

Diese Idee, dass man die eigene Komfortzone erweitern muss, um ein gesundes und gutes Leben zu führen, ist übrigens auch in vielen therapeutischen Ansätzen vertreten. Unter der Bezeichnung »Werteorientierte Verhaltensaktivierung«[36] oder auch in der sogenannten Acceptance und Commitment Therapy (ACT)[37] geht es genau darum. Akzeptiere dein Leben, deine Geschichte, deine aktuellen Bedingungen so, wie sie sind. Und versuche dann, das Beste daraus zu machen und mehr von dem zu tun, was dir wichtig ist. Das ist der beste Schutz gegen Depressionen und ein unzufriedenes Leben.

Beziehungen: Entwicklungsboost oder Fessel?

Wir konnten bisher schon mehrfach feststellen, dass das soziale Umfeld und die Menschen um dich herum für dich, deine Werte, deine Gewohnheiten und deine Entwicklung enorm wichtig sind. Dabei können andere Menschen einerseits der größte Segen sein. Gute Beziehungen zu anderen sind essenziell wichtig für die Lebensqualität und machen dich einfach erst mal glücklich. Andere können dich außerdem mitziehen, weil sie etwas schon können, was du unbedingt lernen möchtest. Sie können dir Vorbild sein, weil sie eine Haltung haben oder etwas hinbekommen, was du dir für dich auch wünschst. Sie können Herausforderungen mit dir gemeinsam angehen, sodass ihr zusammen neue Gewohnheiten etabliert oder eure Komfortzonen verlasst und erweitert. Wenn es gut läuft, sind sie dir dankbar für deine Initiative, wenn du neue Wege gehst, um glücklicher und gesünder zu werden, und sie dabei ein wenig mitziehst.

All die Schritte, die wir in den vorangegangenen Kapiteln schon besprochen haben, sind viel einfacher, wenn du sie mit anderen gemeinsam oder zumindest mit sozialer Unterstützung gehst. Zusätzlich können dir andere Menschen sogar schon helfen, wenn du sie dir in deiner Fantasie zu Hilfe holst. Innere Vorbilder spielen unter Umständen eine wichtige Rolle: Sie können uns Sicherheit geben und die Einsamkeit mildern.

Ich dachte früher z. B., ich sei ein unsportlicher und ängstlicher Typ. Das hat vermutlich auch damit zu tun, dass Frauen in meiner Kindheit – typisch für die 70er-, 80er-Jahre des 20. Jahrhunderts –

eher unsicher-ängstliche Modelle geboten haben und ich außerdem vielleicht nicht das riesige sportliche Talent in die Wiege gelegt bekommen habe. Um aus dieser Haltung herauszukommen, habe ich mich immer wieder an Vorbildern orientiert, die mir im Leben über den Weg gelaufen sind. Ein Klavierlehrer, von dem ich – zum Glück schon als Kind – gelernt habe, dass Üben und Disziplin zu Erfolg führten. Eine Erzieherin in der Einrichtung, in der ich ein soziales Jahr gemacht habe, die mir alle unsere Haltungs-Basics vorgelebt hat und von der ich gelernt habe, wann immer es geht, gute Laune zu behalten und es sich richtig schön zu machen. Meine Familie, mit der ich gemeinsam die Berge im Sommer wie im Winter erkundet habe.

Gleichzeitig sind andere Menschen aber auch diejenigen, die die eigene Entwicklung bremsen oder völlig verhindern können. Das passiert sicherlich – wie so vieles im Leben – einmal mehr, einmal weniger bewusst oder absichtlich und auf so unterschiedliche Art.

Die Menschen im Umfeld haben oft die gleichen Macken und ungesunden Gewohnheiten wie du selbst – sie rauchen vielleicht, bewegen sich zu wenig und bemitleiden sich lieber, anstatt die Dinge anzugehen … Denn zum einen verbindet man sich leichter mit Menschen, die einem ähnlich sind. Zum anderen baut man auch gemeinsame Gewohnheiten auf, besonders wenn man lange zusammen lebt. Das bestärkt einen mit der Zeit natürlich auch selbst immer wieder in diesen Mustern. Entsprechend schwierig ist es, sie dann wieder abzulegen, womöglich gegen den Widerstand von anderen, die sich dadurch infrage gestellt fühlen.

Wenn du versuchst, ungesunde Muster abzulegen, kann es deshalb auch leicht passieren, dass dein Umfeld dich mehr oder weniger boykottiert. Denn die Bereitschaft und die Motivation zur Veränderung ist wahrscheinlich nicht bei jedem so da wie bei dir. Vielleicht haben sie sogar insgeheim ein schlechtes Gewissen, dass sie sich mit ihren eigenen Marotten so wenig beschäftigen. Deine neuen Ideen und Wünsche kratzen dann an ihrer Bequemlichkeit und ihren Gründen, nichts zu ändern, weshalb sie sich in solch einem Fall möglicherweise besonders stark gegen deine neuen Ideen wehren. Oft stört es die anderen auch einfach, wenn du aus dem Gewohnten ausbrichst, und sie bekommen Angst, dass du dich von ihnen entfernst und sie dich verlieren. Auch für dich kann es sich bedrohlich anfühlen, wenn ihr auf einmal weniger gemeinsam habt als früher.

In die Irritation deiner Umwelt darüber, dass du Dinge plötzlich anders machst als früher, spielt manchmal sicherlich auch ein wenig Neid oder Frustration über sich selbst hinein. Denn wenn du Dinge im Leben änderst, dann hältst du anderen auch einen Spiegel vor, der ihnen zeigt, dass das möglich ist. Das gefällt nicht jedem.

Wachsen und wachsen lassen

Neue Menschen kennenlernen

Wenn du langfristig mehr Verantwortung für dich und dein Leben übernimmst und deine Handlungsspielräume ausbaust, dann werden automatisch auch neue Menschen in dein Leben kommen. Gleichzeitig entdeckst du vielleicht, dass auch Menschen in deinem bestehenden sozialen Umfeld die gleichen Interessen wie du haben. Oder du nutzt Apps zum Finden von Freunden oder Hobbypartnern. Die Entwicklung und vor allem die Festigung neuer Beziehungen und Freundschaften ist allerdings ein Prozess, dem du auch seine Zeit geben musst.

Am einfachsten ist das Aufbauen von neuen Bekanntschaften und Beziehungen natürlich in solchen Lebenssituationen, in denen viele Menschen in einem neuen Kontext aufeinandertreffen und jeder Kontakte knüpfen möchte. Klassischerweise passiert das beispielsweise zu Beginn eines Studiums, wo man viele Menschen trifft, die auch neu in diesem Kontext sind. Auch das Elternwerden oder die »Einschulung« des Kindes in die Kita kann so einen sozialen Boost bewirken, da in diesen Situationen viele Austausch mit anderen suchen. Später im Leben ist es dann oft nicht so einfach – dann hat jede ihre Familie, ihre Hobbys und ihren Freundeskreis und nicht mehr unbedingt Interesse an neuen sozialen Kontakten. Trotzdem gibt es auch in diesen Lebensphasen viele Möglichkeiten, Menschen kennenzulernen und neue Beziehungen aufzubauen.

Möglichkeiten zum Knüpfen neuer Beziehungen im späteren Erwachsenenalter

- Apps für Freundschaften, Freizeit, gemeinsam verbrachte Zeit und Hobbys
- Kurse wie Sprachkurse oder Single-Tanzkurse
- Scheine oder Lizenzen wie Angelschein oder Segelschein
- Sportgruppen, etwa im Verein, Laufgruppen, Yogastudio
- Reisen mit gemeinsamen Interessen, etwa Sport- oder Kulturreisen
- Gruppen für soziales Engagement, etwa in der Gemeinde oder in einer Partei
- Selbsthilfegruppen, insb. wenn du schwierigere Probleme angehen möchtest oder mit Krankheiten kämpfst

Andere mitnehmen und dich mitteilen

Deine nächsten Mitmenschen sind an dich so gewöhnt, wie du bisher warst. Wenn du Dinge änderst, ist es deshalb gut, wenn du dein Umfeld mitnimmst, indem du dazu auch kommunizierst und dich ein wenig erklärst: Was hast du dir vorgenommen, was möchtest du ändern, warum ist dir das wichtig? Wenn andere darüber Bescheid wissen und ihnen klar ist, dass es dir damit ernst ist, werden sie dich eher unterstützen. Wir haben im Zusammenhang mit den Verhaltens-Basics schon gesehen, dass es ausgesprochen hilfreich sein kann, Menschen aus dem eigenen Umfeld um Unterstützung zu bitten, wenn es zum Beispiel darum geht, mit dem Rauchen aufzuhören oder weniger Alkohol zu trinken. Vielleicht findet sich sogar jemand, der sich von dir mitreißen lässt und entweder mitmacht oder eigene neue Ideen entwickelt …

Kompromisse finden und dem Umfeld entgegenkommen

Wenn du neuerdings Zeit, die bisher vielleicht für die Familie zur Verfügung stand, mit deinen neuen Interessen verbringst, kannst du auch darüber nachdenken, wie du deiner Familie dabei entgegenkommen kannst. Vielleicht kannst du nach der neuen Joggingrunde am Samstagmorgen für alle Brötchen mitbringen? Vielleicht gibt es einen Trimm-dich-Pfad in der Nähe, wo auch deine Kids Spaß haben, wenn sie auf den Turngeräten spielen können, an denen du nebenbei trainierst. Außerdem könntest du deine Zeit bewusster einteilen: Verbringe sie außer mit deinem neuen Interesse auch gezielt mit deiner Familie, und versuche, sie bei der Daddelei am Handy einzusparen. Dann haben auch die anderen etwas von deinen neuen Gewohnheiten.

Neue Muster in unwichtigen Situationen üben

Vielleicht hast du dir mittlerweile auch vorgenommen, dich in manchen sozialen Situationen anders zu verhalten – etwa klarer deine Meinung zu sagen, deinen Ärger in konstruktive Kritik umzusetzen und deine Bedürfnisse deutlicher zu formulieren. Das kann am Anfang durchaus schiefgehen oder etwas unausgewogen rüberkommen, wenn du damit noch wenig Übung hast. Es kann deshalb helfen, solche Dinge erst mal in Situationen zu üben, die für dich eigentlich nicht wichtig sind – beim Einkaufen, im Fitnessstudio oder in anderen Situationen, wo du Menschen über den Weg läufst, denen gegenüber du Wünsche und Bedürfnisse ausdrücken kannst. Solche Menschen kennen dich ja kaum und sind deshalb nicht irritiert, weil du dich vielleicht anders verhältst als gewohnt. Dadurch kannst du unverbindlich neue Erfahrungen sammeln und auch spüren, welche Wirkung dein Verhalten haben kann.

Unterstützung für kritische Situationen holen

Oft ist es schwer, ungewohnte Verhaltensmuster tatsächlich umzusetzen. Gerade wenn ein herausforderndes Gespräch ansteht, kann es dann sehr hilfreich sein, wenn dir eine Verbündete zur Seite steht. Dabei spielt es keine Rolle, ob du bei deinem Nachbarn klingelst, um ihm zu sagen, dass dich seine laute Musik doch sehr stört, oder ob du mit dem Callcenter deiner Krankenversicherung telefonierst, um eine Angelegenheit zu klären. Die verbündete Person muss dabei nicht einmal irgendetwas tun oder sagen. Allein, dass sie weiß, worum es geht und dass sie in dieser Angelegenheit hinter dir steht, tut dir bereits gut und lässt dich deine Grenzen souverän erweitern.

Positive Integration in deinem Umfeld

Im nächsten Schritt kannst du deine neuen Verhaltensweisen dann (dosiert) auch in deinem engeren und alltagsnahen Umfeld ausprobieren. Dabei ist es immer gut, Bedürfnisse und Gefühle positiv zu kommunizieren. In Psychotherapien und sogenannten Trainings zur sozialen Kompetenz geht es oft darum, Nein zu sagen und Grenzen zu setzen. Das ist auch wichtig – aber du solltest aufpassen, dass du nicht ins Negative abgleitest, sondern dein Umfeld spüren lässt, dass es von deiner Entwicklung profitiert. Wenn deine Familie und Freunde auch Vorteile haben, werden sie deinen neuen Ideen gegenüber viel offener sein und dich eher unterstützen, als wenn sie nur Nachteile wahrnehmen (weniger Zeit, öfter »nein« …). Ein paar Vorschläge dafür findest du hier:

Positive Wirkung für alle

- **Dankbarkeit auch nach außen zeigen.** Bedanke dich jeden Tag bei Personen in deiner Nähe für mindestens drei Dinge. Wichtig dabei ist, dass du dir lang genug Zeit gibst, in dich zu gehen, um etwas zu finden, für das du dem jeweiligen Menschen wirklich dankbar bist – oberflächlicher Fake zählt nicht. Ob du die drei Dinge dann alle derselben Person oder verschiedenen Menschen, deinem Partner, der Arbeitskollegin oder dem Busfahrer sagst, ist dabei ganz gleich. Das Lächeln, das du damit hervorrufst, erhellt euer beider Tag.
- **Mit Fürsorge selbst aktiv werden.** Vielleicht kennst du das Gefühl, manchmal enttäuscht zu sein, wie wenig sich andere um dich und deine Bedürfnisse kümmern. Der direkteste Weg, um selbst wahrgenommen zu werden, ist, zunächst einmal andere wahrzunehmen. Drehe den Spieß deshalb heute um, und frage eine wichtige Person in deinem Umfeld, was sie sich von dir über die kommenden sieben Tage hinweg wünschen würde, wenn sie einen Wunsch frei hätte. Erfülle ihr diesen Wunsch, und frage nach der Woche, wie es ihr damit ging.
- **Auch anderen mit deinen neuen Erlebnissen eine Freude machen.** Wenn du dich zu neuen Ufern aufmachst, gibt es immer wieder auch Genussvolles und Schönes

zu entdecken, an dem du dein Umfeld teilhaben lassen kannst. Vielleicht kochst du ein typisches Gericht aus einem Land, für das du dich interessierst; verteilst die Früchte aus dem Gartenprojekt, bei dem du mitmachst; oder lädst zum gemeinsamen Ausprobieren der Slackline im Stadtpark, wenn du dazu einen Kurs gemacht hast. So bringt es Spaß für alle!

Resilienz: mit Krisen zurechtkommen

Nun haben wir ausführlich besprochen, was du tun kannst, um dir in deinem Leben eine gute Basis für körperliche und psychische Stabilität zu schaffen, wie du deine Werte finden und so immer besser leben kannst. Und nun läuft das Leben hoffentlich ganz ordentlich – Beziehungen, Job, Gesundheit, alles in guten Fahrwassern. Dennoch bist du nicht davor gefeit, dass plötzlich Steine auf deinem Weg liegen: Du oder deine Lieblingsmenschen werden von Krankheiten heimgesucht, das Bad schimmelt, es regnet durchs Dach, deine Partnerin geht fremd, Jobbewerbungen laufen nicht gut – an jeder Ecke, in jedem Moment kann es auch mal unrund laufen. Das löst negative Gefühle aus – Angst, Enttäuschung, Verzweiflung, Hoffnungslosigkeit überkommen jeden immer mal wieder. Wie können wir damit umgehen, was hilft in solchen Situationen weiter?

Das Zauberwort hier lautet Resilienz. Resiliente Menschen können mit schwierigen und unerwarteten Situationen umgehen und Stress bewältigen. Sie ziehen sich leichter wieder selbst aus dem Sumpf heraus als andere. Das bedeutet nicht, dass sie in solchen Situationen keine negativen Gefühle hätten – sie können sie aber einfach besser bewältigen. Hohe Resilienz ist der Grund, warum die eine mit einer schwierigen Situation doch irgendwie gut zurechtkommt, Probleme löst, sich auch in schwierigen Zeiten gute Inseln im Alltag schafft und womöglich sogar gestärkt daraus hervorgeht – während die andere in den negativen Gefühlen stecken bleibt, sich zurückzieht, in ungünstige Gewohnheiten rutscht und womöglich ernsthaft depressiv wird.

Doch wie entsteht Resilienz? Was braucht es dazu, wie kannst du resilienter werden? Praktischerweise überschneidet sich das mit unseren Haltungs-Basics. Man könnte auch sagen, die Haltungs-Basics sind eine Anleitung für hohe Resilienz. Eine sehr bekannte Konzeption von Resilienz stammt von der Psychologin Ursula Nuber[38] – sie beschreibt sieben Säulen, die zu einer guten Resilienz gehören: Optimismus, Akzeptanz, Lösungsorientierung, das Verlassen der Opferrolle, ein starkes soziales Netzwerk, positive Zukunftsplanung und Selbstreflexion.

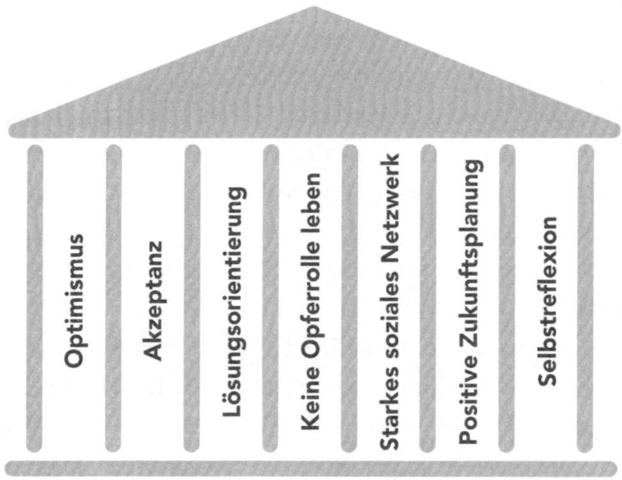

Sieben Säulen für eine gute Resilienz

Resilienzfaktoren und ihr Zusammenhang mit unseren Themen

- **Optimismus.** Wenn du das Glas halb voll siehst, erhältst du dir auch in schwierigen Situationen positive Gefühle und öffnest Räume für Entwicklung.
- **Akzeptanz.** Das Leben gelassen so nehmen, wie es ist – es hilft nichts, sich aufzuregen über Dinge, die du eh nicht ändern kannst. So sparst du deine Energie für lösbare Probleme und den Aufbau positiver Gefühle auch in schwierigeren Zeiten.
- **Lösungsorientierung.** Das ist ein etwas trockener Begriff für das, was wir »Power«-Mindset nennen oder »Liebe deine aktuellen Herausforderungen«. Wenn du im Blick behältst, was trotz allem noch möglich ist, wirst du Krisen stabiler meistern können.
- **Die Opferrolle verlassen.** Das ist ein ganz zentraler Schritt – und du gehst ihn ganz automatisch, wenn du entscheidest, dass du nun genug analysiert hast, was bisher alles falsch lief, und jetzt anfängst, dein Leben zu gestalten!
- **Starkes soziales Netzwerk.** Über die Bedeutung der anderen in deinem Leben haben wir viel gesprochen. Je mehr Menschen du in deinem Leben hast, die dich in deiner Entwicklung unterstützen, die den aktiven Weg mit dir gehen und dich in Krisen aber auch einmal auffangen, umso besser bist du auch für schwierige Zeiten gewappnet.
- **Positive Zukunftsplanung.** Das bedeutet, sich der eigenen Werte immer wieder bewusst zu werden und die eigene Entwicklung daran zu orientieren und aktiv voranzutreiben. Wenn du das tust, schützt dich das auch vor negativen Gefühlen und Sinnkrisen.

- **Selbstreflexion.** Die brauchst du natürlich, um dir, deinen Ängsten und deinen Schweinehunden auf die Schliche zu kommen, deine Werte zu bestimmen und immer wieder kritisch und liebevoll zu prüfen, ob du auch deinen richtigen Weg gehst.

Das bedeutet: Wenn du es schaffst, deine Basics gut umzusetzen und dich im Zweifel immer wieder darauf zurückzubesinnen, dann bist du auch gewappnet für was auch immer da kommen mag. Das wird natürlich mal einfacher und mal schwieriger sein. Und das ist auch okay so. Das Leben hat seine Ecken und Kanten. Um damit besser umzugehen, findet Johanna einen Gedanken aus der Wildnispädagogik oft sehr hilfreich, in dem es darum geht, Bedürfnisse und Befindlichkeiten zu unterscheiden.

Was ist Bedürfnis, was Befindlichkeit?

In der Wildnispädadogik werden diese beiden Konzepte klar unterschieden: Bedürfnisse sind wirklich wichtig zum Funktionieren, zum Überleben und um eine gute Zeit zu haben. Sie sind in der Regel flexibel zu befriedigen. Wenn du etwa frierst und Wärme brauchst, dann kannst du die durch Bewegung, Decke, Lagerfeuer, Kuscheln oder andere Maßnahmen bekommen. Von Befindlichkeiten wird gesprochen, wenn jemand vermeintlich etwas ganz Spezifisches braucht und vielleicht sogar findet, dass sich jemand anderes darum kümmern müsste. Dies ist oft verbunden mit einer jammerigen »Will-ich-jetzt-haben«-Einstellung. Dabei handelt es sich um ganz spezifische Dinge, die man genau jetzt haben möchte – zum Beispiel unbedingt ein Lagerfeuer haben zu wollen. Dafür kann man durchaus viele Gründe anführen, trotzdem ist es eine *Befindlichkeit.* Im normalen Alltag werden Befindlichkeiten oft mit *Bedürfnissen* verwechselt und ob ihrer gefühlten Dringlichkeit auch verfolgt, obwohl das eigentlich gar nicht notwendig ist. Passend dazu gibt es den Spruch: »Was du brauchst, ist oft nicht das, was du willst.« Wir »müssen« vermeintlich lange ausschlafen, sofort unser Lieblingsessen bekommen, endlich schönes Wetter haben, mit der Partnerin zusammenbleiben usw., damit wir gut klarkommen. Stattdessen wäre es aber doch förderlicher, sich zum früheren Aufstehen aufzuraffen, sich gesund von Gemüse zu ernähren, trotz Regen Fahrrad zu fahren und die Trennung der Freundin zu akzeptieren, um daran wachsen zu können und glücklicher und unabhängiger zu werden.

Frühwarnsystem:
Kenne deine Stresssymptome!

Wenn du möglichst viel von dem umsetzt, was wir hier besprochen haben, hast du eine gute Chance, ein erfülltes, zufriedenes und gesundes Leben zu führen. Du schützt dich damit auch vor körperlichen und seelischen Erkrankungen. »Schützen« meint dabei, dass du die Wahrscheinlichkeit verringerst, dass du krank wirst – und dass Krankheiten oder Risikofaktoren, unter denen du doch leidest, weniger schwer verlaufen oder rascher wieder vergehen.

Eine Garantie für vollständige und lang andauernde Gesundheit hast du nie. Deine genetischen Anlagen und Umweltfaktoren kannst du durch ein gut geführtes Leben beispielsweise nicht ausschalten. Wenn in einer Familie etwa viele Frauen relativ jung an

Brustkrebs erkranken, ist das Brustkrebsrisiko für die Töchter dieser Frauen ebenfalls höher, selbst wenn sie nicht rauchen, keinen Alkohol trinken, sich viel bewegen und kein Übergewicht haben. Dann fällt die Prognose vielleicht günstiger aus, aber eliminieren kann man das erhöhte Risiko nicht. Das Gleiche gilt für psychische Störungen – wenn in deiner Familie viele Fälle von schweren Depressionen, manisch-depressiven Erkrankungen oder Schizophrenie auftreten, dann hast auch du dafür ein erhöhtes genetisches Risiko, das du nicht durch Optimismus und Achtsamkeit einfach »wegatmen« kannst.

Mit »Umweltfaktoren« meine ich die Faktoren, die in deinem Leben einfach erst mal gegeben sind und die du nicht von jetzt auf nachher ausschalten kannst. Dazu gehört zum einen die soziale Umgebung – nicht nur die Menschen um dich herum, sondern auch Bedingungen wie die Wohnsituation, Belastungsfaktoren wie Lärm, Enge und Verfügbarkeit von Ressourcen. Auch verschiedene Arbeitssituationen gehen mit sehr unterschiedlichen Belastungen einher – der Stressfaktor eines Jobs mit Schichtarbeit und hoher körperlicher Belastung ist natürlich viel höher als bei einem Job, den ich remote und auch in Portugal vom Strand aus machen kann … Ein höheres Stresslevel in all diesen Faktoren ist natürlich auch ungünstig für deine Entwicklung und deine Gesundheit.

Psychische Erkrankungen sind zudem häufig chronisch oder wiederkehrend – das bedeutet, wenn du etwa bereits mehrere schwere depressive Episoden erlebt hast, ist die Wahrscheinlichkeit hoch, dass du in ähnlichen Lebenssituationen auch wieder neue Episoden entwickelst. Durch einen guten Lebensstil und den Aufbau von Resilienz kannst du solche Phasen abschwächen oder schneller besiegen, aber nicht komplett verhindern.

Auch körperliche Beschwerden neigen dazu wiederzukehren. Wenn du bei Stress schlecht schläfst, Migräneanfälle bekommst oder der Rücken auf einmal nicht mehr mitspielt, sind das oft einfach die individuellen Stresssignale deines Körpers. Und selbst wenn du zu den Glücklichen gehörst, die selten ernsthafte Leiden erleben, wirst du es kennen, dass in stressigen Lebensphasen im Prinzip immer die gleichen Problemchen auftauchen – seien es Veränderungen beim Appetit oder Essverhalten, plötzliche irrationale Ängste oder Grübeleien, erhöhte Anfälligkeit für Erkältungen oder die ein oder andere Kopfschmerzattacke.

Dieses grundsätzliche Prinzip, dass ein Mensch auf Stress meist immer wieder ähnlich reagiert, kann man einerseits frustrierend finden. Es wäre doch echt schön, wenn der Kopf mal Ruhe geben würde ... Allerdings kann man es sich auch zunutze machen, um die eigene Situation gut einzuschätzen und vielleicht eine stressbedingte ungünstige Entwicklung früher abzufangen und dadurch abzuschwächen. So verstehst du die Sprache deines Körpers immer besser.

Frühwarnsymptome

In der Behandlung von Menschen mit manisch-depressiven oder psychotischen Erkrankungen ist das Konzept der Frühwarnsymptome sehr verbreitet. Frühwarnsymptome sind die ersten Anzeichen einer solchen manisch-depressiven oder psychotischen Episode, die die Betroffenen leider in der Regel wiederholt erleben. Wenn die Episode in vollem Gang ist, dann läuft alles aus dem Ruder – Betroffene hören zum Beispiel Stimmen, die sie schlimm beschimpfen, geben massenhaft Geld für völlig unsinnige Geschäftsideen aus, fühlen sich vom FBI verfolgt, glauben, Jesus zu sein, und verhalten sich ihren Mitmenschen gegenüber jeweils entsprechend. Dabei entstehen im Verlauf oft bergeweise Scherben. Der Beginn einer solchen Episode ist allerdings oft schleichend, und es gilt, die ersten Zeichen zu beachten, die sehr individuell sein können. Der eine Betroffene erlebt vielleicht Farben intensiver als sonst; ein anderer mag komische Träume haben oder auf einmal viel schreckhafter sein als normal.

Wenn Menschen mit solchen Erkrankungen ihre Frühwarnsymptome kennen und ernst nehmen, kann es gelingen, weitere Episoden deutlich abzumildern oder abzufangen. Dazu werden z. B. Vereinbarungen mit dem Partner getroffen, dass dieser einen Termin beim Psychiater machen kann, wenn die ersten Frühwarnsymptome auftauchen. Auch mithilfe von Medikamenten, dem akribischen Befolgen eines genauen Schlaf-wach-Plans und sofortiger Stressreduktion kann die nächste Episode schon von Anfang an bekämpft werden.

Das Grundprinzip lässt sich auf jeden Menschen übertragen, auch wenn es natürlich meistens zum Glück nicht so übel ausgeht, wenn man die Dinge etwas laufen lässt. Meine Anzeichen für erhöhte Stressbelastung sind vor allem plötzliche Grübeleien über mögliche Katastrophen und Schlafprobleme – ich schlafe dann nicht mehr gut ein und wache morgens zu früh auf. Bei Johanna ist es ein Gefühl starker Überforderung zusammen mit einer lähmenden Lethargie, die in besonders anstrengenden Phasen auch Krankheitssymptome mit sich bringt. Aber auch du kennst es vermutlich, dass stressige Lebensphasen mit bestimmten Symptomen oder Problemen einhergehen, die dir verdeutlichen, dass es dir grade nicht so gut geht. In der folgenden Liste findest du ein paar häufige Beispiele – möglicherweise erlebst du aber auch andere Frühwarnprobleme.

Typische Frühwarnsymptome

- **Schmerzen,** z. B. Spannungskopfschmerzen, Migräne, Rückenschmerzen
- **Schlafprobleme,** z. B. Einschlafprobleme, nächtliches Aufwachen, frühes Erwachen, Albträume oder andere ungewöhnliche Träume
- **Gedankliche Probleme,** z. B. intensives Grübeln, ungewöhnliche Sorgen, erhöhtes Misstrauen anderen gegenüber
- **Emotionale Probleme,** z. B. spezielle Ängste, ungewöhnliche Traurigkeit oder Einsamkeit
- **Probleme mit dem Essen,** z. B. viel naschen, viel Alkohol trinken oder auch zu wenig essen
- **Probleme mit dem Immunsystem,** z. B. Allergieschübe oder häufige Erkältungen, die kaum noch weggehen

Um auf diese frühen Symptome zu reagieren, musst du sie natürlich erst einmal kennen. Wenn dir im Moment nicht bewusst ist, woran du übermäßigen Stress frühzeitig erkennen kannst, dann beobachte das doch eine Weile. Achte besonders auf Probleme und Symptome, von denen du weißt, dass sie öfters auftreten.

Wenn du diese Symptome dann identifiziert hast, ist es wichtig, dass du sie ernst nimmst, wenn sie auftreten. Du musst daraus kein Drama machen – aber du solltest dir dann schon überlegen, wie du gut für dich sorgen und wieder mehr Stabilität in dein Leben und deine Gesundheit bringen kannst. Häufig kann es helfen, wieder etwas mehr auf die Verhaltens-Basics zu achten, also für guten Schlaf und regelmäßige Mahlzeiten zu sorgen und regelmäßig Sport zu machen. Außerdem solltest du prüfen, ob es aktuell Stressfaktoren gibt, die du vielleicht etwas reduzieren kannst. Gleichzeitig kann eine stärkere Ausrichtung auf deine Werte dich weiter stabilisieren.

Sei bei all dem nachsichtig und fürsorglich mit dir selbst. Wenn mir meine Stresssymptome auffallen, versuche ich in der Regel, meine immer zu vollgepackten Tage etwas zu entrümpeln und Projekte, die nicht akut erledigt werden müssen, erst mal aufzuschieben. Zusätzlich schaffe ich mir kleine Wohlfühlinseln, auf denen ich es mir einfach gut gehen lasse – optimal sind dafür Kaffeepausen oder ein After-Work-Drink mit netten Kollegen und gerne einmal mittags ein Nickerchen …

Wenn du weißt, dass du unter behandlungsbedürftigen Erkrankungen leidest, dann ist das Erkennen eines erhöhten Stresslevels natürlich auch der Moment, um dir professionelle Hilfe zu holen.

Vorwärts ins Leben!

Ich freue mich sehr, dass du diese Reise mit mir gemacht hast, und hoffe, dass sie dich auf deinem Weg zu einem glücklicheren, zufriedeneren Leben mit viel mentaler Stärke und Widerstandskraft anregen konnte.

Es war mir wichtig, dir zu zeigen, dass der Ruf nach der Psychologin sinnvoll ist, wenn man an einer ernsthaften psychischen Störung leidet und dafür noch keine Psychotherapie hatte. Wenn es aber eher um Unzufriedenheit mit dem eigenen Leben und den eigenen Beziehungen geht, dann ist es oft besser, sich selbst auf den Weg zu machen – auch wenn du vielleicht in einem sozialen Umfeld lebst, in dem sich anscheinend fast alle therapeutisch betreuen lassen. Entwickle hier ein kritisches (Selbst-)Bewusstsein dafür, was dich in alten Gedankengängen gefangen hält und was dich wirklich voranbringt.

Es kann natürlich helfen, zu verstehen, dass man an der ein oder anderen Stelle zögerlich, etwas ängstlich oder annähernd zwanghaft handelt, weil man das in der Kindheit gelernt und seitdem beibehalten hat. Aber dann muss es in der Folge doch vor allem darum gehen, wie du solche Barrieren überwinden kannst, um dein Leben so zu gestalten, wie du es dir wünschst. Und das Nachdenken darüber und die Verantwortung dafür kann einem keine Therapeutin abnehmen.

Wenn Menschen auf dem Sterbebett gefragt werden, was sie bereuen, benennt übrigens kaum jemand die Dinge, die er oder sie gemacht hat, auch wenn etwas schiefging … Vielmehr geht es immer darum, was man nicht gemacht, sondern verpasst hat. Auch das zeigt, wie wichtig und richtig es ist, sich immer wieder auf die eigenen Werte zu besinnen und das Leben danach auszurichten.

Der ganze Rest deines Lebens liegt noch vor dir – also, geh es an, und gestalte deine Gegenwart und deine Zukunft nach deinen Vorstellungen und mit all deiner Kraft und Kreativität. Du hast (aller Wahrscheinlichkeit nach) nur dieses eine Leben. Werde dir – gerne auch immer wieder aufs Neue – klar darüber, was du mit deiner Zeit machen möchtest. Du weißt nun, welche Basics dir eine gute Grundlage bieten, hast viele Möglichkeiten zur Entscheidung – die Verantwortung dafür trägst du selbst.

Du kannst dich jeden Tag verändern und Neues ausprobieren: Starte durch, wachse an deinen Herausforderungen!

Vitae

Dr. Gitta Jacob

Gitta Jacob ist 1973 in Oberfranken in Bayern geboren und dort auch aufgewachsen. Nach dem Abitur zog sie nach Würzburg, wo sie nach einem Freiwilligen Sozialen Jahr mit dem Psychologiestudium begann, das sie 1999 in Freiburg im Breisgau mit dem Diplom abschloss. Im Anschluss arbeitete sie knapp 15 Jahre an der Universität und der Universitätsklinik für Psychiatrie und Psychotherapie in Freiburg als wissenschaftliche Mitarbeiterin und Therapeutin. In dieser Zeit schrieb sie ihre Doktorarbeit, schloss ihre Psychotherapieausbildung ab und veröffentlichte die ersten Fachbücher für Kollegen. Therapeutisch vertiefte sie insbesondere die Arbeit mit der Schematherapie und den sogenannten emotionsfokussierten Techniken, bei denen es darum geht, über emotionale Probleme und innere Konflikte nicht nur zu sprechen, sondern sie auch so zu erleben, dass sich der Weg zur Lösung letztlich erspüren lässt.

Im Jahr 2013 zog sie nach Hamburg und begann ihre Tätigkeit als leitende Psychotherapeutin bei GAIA. Dort entwickelt sie seit nunmehr 10 Jahren in einem multidisziplinären Team digitale und kombinierte Therapie- und Versorgungsangebote für Menschen mit (oft chronischen) psychischen Erkrankungen. Hier konnte sie Erfahrungen mit sehr vielen Betroffenen gewinnen und ihr Verständnis dafür vertiefen, dass Psychotherapie nicht immer der einzige Weg zu mehr Gesundheit ist und dass Veränderung vor allem dann gelingen kann, wenn der oder die Betroffene selbst Verantwortung übernimmt und sich aktiv auf den Weg macht.

Gitta Jacob lebt in Hamburg und hat zwei erwachsene Söhne.

Mitarbeit von Johanna Hombergs

Johanna Hombergs ist 1991 in Bayern geboren und in Rheinland-Pfalz und Oberfranken aufgewachsen. Bereits vor ihrem Abitur in Bayreuth ließ sie sich in mehreren Ländern auf verschiedenste Outdoor-Abenteuer ein. Nach dem Abschluss einer Ausbildung und einiger Zeit im Angestelltenverhältnis bei einem Outdoor-Ausrüstungs-Unternehmen in München zog es sie 2015 in die Alpen, wo sie Psychologie in Innsbruck studierte. Ihre Bachelor- und Masterarbeit beschäftigten sich mit der Psychologie umweltbewussten Verhaltens. Während des Studiums machte sie eine dreijährige Ausbildung zur Wildnispädagogin und leitete als Selbstständige auf dieser Basis erste eigene Survival-Workshops in Österreich.

Nach Abschluss des Studiums übersiedelte sie 2021 nach Niedersachsen, wo sie als wissenschaftliche Mitarbeiterin in Forschung und Lehre an der Universität Vechta tätig war. In ihrer Nebentätigkeit als selbstständige Wildnispädagogin und Survivaltrainerin wurde sie gleichzeitig immer erfolgreicher, sodass sie sich seit 2022 ausschließlich dieser Tätigkeit widmet. Dabei rücken für sie die psychologischen Aspekte erfolgreichen Survivals in der Wildnis wie auch im normalen, »zivilisierten« Alltag zunehmend in den Fokus.

Johanna Hombergs ist verheiratet und leitet gemeinsam mit ihrem Mann die Wildnis- und Survivalschule *Schattenwolf*, in der sie unter anderem selbst Wildnispädagog*innen ausbildet.

Dank

Dieses Buch zu schreiben, hat von mir etwas Mut erfordert, denn sicher werden nicht alle meine Thesen von meiner »beruflichen Bubble«, wie meine Söhne es formulieren würden, uneingeschränkt geteilt. Daher danke ich den Kolleginnen, die mich dazu ermutigt haben, besonders Laura Seebauer, Nicole Ower, Felizitas Ambauen und Sarah Jow.

Auch von Teilnehmern meiner Workshops habe ich immer wieder die Bestätigung bekommen, wie wichtig diese Themen sind, was mich ebenfalls sehr angespornt hat. Gespräche mit vielen Patientinnen und deren ehrliche Rückmeldung haben mir im Laufe der Jahre immer klarer gezeigt, dass der Stellenwert von Psychotherapie manchmal überschätzt wird und Menschen oft sehr gut in der Lage sind, auch andere Wege zu finden, um ein glückliches Leben zu führen – ohne sie wäre dieses Buch nicht entstanden.

Last, but not least waren Doro Bühler vom Beltz Verlag und Judith Roth als Lektorin hartnäckige und kritische Sparringspartnerinnen, ohne die dieses Werk niemals das Licht der Welt erblickt hätte – dafür meinen ganz besonderen Dank!

Anmerkungen

1. Bradshaw, J. (1994). *Das Kind in uns. Wie finde ich zu mir selbst.* München: Knaur. Paul, M. (1992). *Inner bonding: Becoming a loving adult to your inner child.* New York: Harper.
2. Berne, E. (2002, Erstauflage 1967). *Spiele der Erwachsenen: Psychologie der menschlichen Beziehungen.* Reinbek: Rowohlt.
3. Jacob, G. A. & Arntz, A. (2015). *Schematherapie in der Praxis.* 2. Auflage. Weinheim: Beltz.
4. Ausnahmen sind Störungen, mit denen wir uns hier eher nicht beschäftigen, wie die manischen Phasen bei einer bipolaren (manisch-depressiven) Erkrankung – hier spielt die Biologie eine große Rolle. Wir sprechen auch nicht von der narzisstischen oder antisozialen Persönlichkeitsstörung – diese Menschen finden sich eher großartig, verspüren wenig Mitgefühl für andere, sind sehr egozentrisch und verhalten sich nicht sonderlich sozial.
5. Gekürzt von Wikipedia, https://de.wikipedia.org/wiki/Barnum-Effekt, abgerufen am 6.8.2023.
6. Jacob, G. (2022). *Raus aus Schema F: Das innere Kind verstehen, Verhaltensmuster ändern und neue Wege gehen.* Weinheim: Beltz.
7. Ambauen, F. & Meyer, S. (2023). *Beziehungskosmos: Eine Anleitung zur Selbsterkenntnis.* Embrach/CH: Arisverlag.
8. Dodd, H. F., FitzGibbon, L., Watson, B. E. & Nesbit, R. J. (2021). Children's play and independent mobility in 2020: Results from the British children's play survey. International Journal of Environmental Research and Public Health, 18(8), 4334. https://doi.org/10.3390/ijerph18084334
9. Oliver, B. E., Nesbit, R. J., McCloy, R., Harvey, K. & Dodd, H. F. (2022). Parent perceived barriers and facilitators of children's adventurous play in Britain: A framework analysis. BMC Public Health, 22(1), 636. https://doi.org/10.1186/s12889-022-13019-w
10. Brussoni, M., Gibbons, R., Gray, C., Ishikawa, T., Sandseter, E. B. H., Bienenstock, A., Chabot, G., Fuselli, P., Herrington, S., Janssen, I., Pickett, W., Power, M., Stanger, N., Sampson, M. & Tremblay, M. S. (2015). What is the relationship between risky outdoor play and health in children? A systematic review. International Journal of Environmental Research and Public Health, 12(6), 6423–6454. https://doi.org/10.3390/ijerph120606423
11. Wen, L. M., Kite, J., Merom, D. & Rissel, C. (2009). Time spent playing outdoors after school and its relationship with independent mobility: A cross-sectional survey of children aged 10-12 years in Sydney, Australia. The International Journal of Behavioral Nutrition and Physical Activity, 6, 15. https://doi.org/10.1186/1479-5868-6-15
12. Kiesel, A. & Spada, H. (2018). *Lehrbuch Allgemeine Psychologie.* Göttingen: Hogrefe.
13. Arce, R., Selaya, A., Sanmarco, J. & Fariña, F. (2023). Implanting rich autobiographical

false memories: Meta-analysis for forensic practice and judicial judgment making. International Journal of Clinical and Health Psychology: IJCHP, 23(4), 100386. https://doi.org/10.1016/j.ijchp.2023.100386

14. Tafarodi, R. W. Marshall, T. C., & Milne, A. B. (2003). Self-esteem and memory. Journal of Personality and Social Psychology, 84(1), 29–45.
15. Yeh, Z. T. & Hua, M. S. (2009). Effects of depressive disorder on false memory for emotional information. Depression and Anxiety. 26(5), 456-463. https://pubmed.ncbi.nlm.nih.gov/19242986/
16. Ulatowska, J. & Sawicka, M. (2017). Recovered memories in clinical practice—A research review. Psychiatria Polska, 51(4), 609–618. https://doi.org/10.12740/PP/62770
17. McFarland, C. & Buehler, R. (1998). The impact of negative affect on autobiographical memory: The role of self-focused attention to moods. Journal of Personality and Social Psychology, 75(6), 1424–1440. https://doi.org/10.1037//0022-3514.75.6.1424.
18. Arditte Hall, K. A., De Raedt, R., Timpano, K. R. & Joormann, J. (2018). Positive memory enhancement training for individuals with major depressive disorder. Cognitive Behaviour Therapy, 47(2), 155–168. https://doi.org/10.1080/16506073.2017.1364291
19. Belsher, B. E., Beech, E., Evatt, D., Smolenski, D. J., Shea, M. T., Otto, J. L., Rosen, C. S. & Schnurr, P. P. (2019). Present-centered therapy (PCT) for post-traumatic stress disorder (PTSD) in adults. The Cochrane Database of Systematic Reviews, 2019(11), CD012898. https://doi.org/10.1002/14651858.CD012898.pub2
20. Zahl der Psychotherapeutinnen und -therapeuten von 2015 bis 2019 um 19 % gestiegen – Statistisches Bundesamt (destatis.de).
21. Psychologie NC: Aktuelle Werte & Infos | Psychologie-studieren.de
22. Das kann man zum Beispiel den sogenannten »Psych-Reporten« entnehmen, die die Krankenkasse DAK-Gesundheit regelmäßig herausgibt.
23. Cuijpers, P., Karyotaki, E., Ciharova, M., Miguel, C., Noma, H. & Furukawa, T. A. (2021). The effects of psychotherapies for depression on response, remission, reliable change, and deterioration: A meta-analysis. Acta Psychiatrica Scandinavica, 144(3), 288–299. https://doi.org/10.1111/acps.13335
24. Reuter, L., Munder, T., Altmann, U., Harmann, A., Strauss, B. & Scheidt C. E. (2016). Pretreatment and process predictors of nonresponse at different stages of inpatient psychotherapy. Psychotherapy Research, 26(4), 410-424. https://doi.org/10.1080/10503307.2015.1030471.
25. Anderson, T., Ogles, B. M., Patterson, C. L., Lambert, M. J. & Vermeersch, D. A. (2009). Therapist effects: facilitative interpersonal skills as a predictor of therapist success. Journal of Clinical Psychology, 65(7), 755-768. https://onlinelibrary.wiley.com/doi/10.1002/jclp.20583
26. Carr, A., Andreas-Hoole, I. (2012). *Endlich Nichtraucher! Der einfache Weg, mit dem Rauchen Schluss zu machen.* München: Goldmann.
27. »Jieper« ist norddeutsch und heißt so viel wie Schmacht oder Verlangen – die Fachperson nennt es auch »Suchtdruck«.
28. Kast, B. (2022, erweiterte Ausgabe). *Der Ernährungskompass. Das Fazit aller wissenschaftlichen Studien zum Thema Ernährung.* München: C. Bertelsmann.

29. Starrett, K. & J. (2023). *Built to Move*. München: riva.
30. Achtung: Das bedeutet natürlich nicht, dass Sport und Bewegung dir garantiert aus einer psychischen Erkrankung heraushelfen können. Genauso wie Psychotherapie hilft Sport einigen Menschen, aber nicht allen. Diese Aussage ist nicht zu verstehen als: »Mach einfach nur Sport, wenn du eine Depression hast.«
31. Thoits, P. A. (2011). Mechanisms linking social ties and support to physical and mental health. Journal of Health and Social Behavior, 52(2), 145–161. https://doi.org/10.1177/0022146510395592
32. Fredrickson, B. L. (2004). The broaden-and-build theory of positive emotions. Philosophical Transactions of the Royal Society of London. Series B, Biological Sciences, 359(1449), 1367–1378. https://doi.org/10.1098/rstb.2004.1512
33. Scheier, M. F., Swanson, J. D., Barlow, M. A., Greenhouse, J. B., Wrosch, C. & Tindle, H. A. (2021). Optimism versus pessimism as predictors of physical health: A comprehensive reanalysis of dispositional optimism research. The American Psychologist, 76(3), 529–548. https://doi.org/10.1037/amp0000666
34. Z. B.: Scheier, M. F., Swanson, J. D., Barlow, M. A., Greenhouse, J. B., Wrosch, C. & Tindle, H. A. (2021). Optimism versus pessimism as predictors of physical health: A comprehensive reanalysis of dispositional optimism research. American Psychologist, 76(3), 529–548. https://doi.org/10.1037/amp0000666
35. Guise, S. (2015). *Viel besser als gute Vorsätze: Wie Sie mit Mini-Gewohnheiten Maxi-Erfolge erleben*. Kirchzarten: VAK.
36. Z. B. Hofheinz, C., Heidenreich, T. & Michalak, J. (2017). *Werteorientierte Verhaltensaktivierung bei depressiven Störungen*. Weinheim: Beltz.
37. Z. B. Hayes, Steven C. (2020). *Kurswechsel im Kopf. Von der Kunst anzunehmen, was ist, und innerlich frei zu werden*. Weinheim: Beltz.
38. Nuber, Ursula (2005): Resilienz. Immun gegen das Schicksal? In: Psychologie Heute. 9/2005, S. 20–24.